王春瑜 著

大家说历史

治隆唐宋 远迈汉唐

王春瑜说明史

生活·讀書·新知 三联书店

图书在版编目(CIP)数据

治隆唐宋　远迈汉唐:王春瑜说明史 / 王春瑜
著. —北京:生活·读书·新知三联书店,2018.9
（大家说历史）
ISBN 978 – 7 – 108 – 06273 – 4

I.①治… II.①王… III.①中国历史 – 明代 – 通
俗读物　IV.①K248.09

中国版本图书馆 CIP 数据核字(2018)第 070209 号

责任编辑　刁俊娅
封面设计　陈乃馨
责任印制　黄雪明
出版发行　生活·讀書·新知 三联书店
　　　　　（北京市东城区美术馆东街 22 号）
邮　　编　100010
印　　刷　常熟文化印刷有限公司
版　　次　2018 年 9 月第 1 版
　　　　　2018 年 9 月第 1 次印刷
开　　本　650 毫米×900 毫米　1/16　印张　15.5
字　　数　173 千字
定　　价　38.00 元

代序

今古何妨一线牵

说来惭愧,史学上的今与古这个似乎再简单不过的问题,曾经在很长时期内,使我感到迷惘、困惑,甚至痛苦。

"回首当年浑似梦,都随风雨到心头。"童年时,正值抗战军兴,我随母亲、长兄从苏州逃亡至原籍乡间。在穷乡僻壤,最早给我留下古的模糊概念的,是搭草台演出的江淮戏。那时的江淮戏,还属于民间小戏,有的戏班子完全是由农民中的江淮戏爱好者组成的,农闲时演出,农忙时各自回家耕耘、收获。记得有一年初冬时节,在一个叫吕老舍的村庄,我头一次看江淮戏。在惊叹斑斓彩衣、绝代佳人(按:当时我不过五六岁,根本不懂戏装、化妆术之类)之余,随着《活捉张三郎》《三击掌》剧情的发展,我不禁困惑起来:"这是什么时候的事呢?"问大人,谁也不知道。回去问母亲,她正在做饭,一边用火叉拨着炉膛里的柴草,一边微笑着说:"咳,管那个做啥呀?反正是古时候的事罢了!"从此,在我的心目中,古的概念,像遥远的夜空,神奇而又迷茫。大约又隔了两年,这时我已经在小学读了两年书了,因病卧床,偶然得到村邻借阅的连环画《隋唐演义》,这可说是我平生阅读的头一本通俗历史读物。我反反复复看了好几遍,真是爱不释手。但是,读着,读着,问题又来了:隋唐离现在有多远？为什么现在看不见李元霸、秦叔宝、程咬金、史大奈这类人呢？这一回，我向教师请教，他和颜悦色地告诉我："不知道离现在到底多少年，反正有千把年了吧！秦叔宝、程咬金这些人是古人，是大英雄，今天的人都平平常常的，当然找不到这类人了。"这是我第一次有了"往事越千年"的概念，比起过去的混沌一片，时空上总算有了比较明晰的轮廓。但是，我也从老师的谆谆教导中，得出了错误的结论：今人不及古人。我甚至恼恨生在当今之世，倘若生在一千年前，不是就可以一睹瓦岗寨里众英雄的丰采，并跟在他们身后摇旗呐喊了吗？越想越感到晦气。虽然如此，毕竟是"少年不识愁滋味"，此后我千方百计找旧小说来读，诸如《薛仁贵征东》《薛丁山征西》《薛刚反唐》《精忠说岳》《水浒》《三国演义》等等，几乎到了废寝忘食的地步。"苦读"的结果是，一方面我终于慢慢明白了朝代的顺序，古的概念再不是抽象、模糊的了，但是另一方面，我常常感到，以今视古，充满了神秘色彩，平添了几多感慨，几分惆怅。

我写这些，绝不是未老先衰，离题万里，要读者跟我一起去怀旧，重拾童年的残梦。不，我只是想说，童年时我在今、古问题上的幼稚、朦胧、困惑，成了我后来学习历史的起点，并产生了难以磨灭的影响。这是我在多梦的童年、少年时代始料未及的。

也许更使我惭愧的是，等我长大，在复旦历史系读了五年书，又念完了研究生的元、明、清史专业，虽然有时依然如"童梦成真"，思索史学研究中的今与古问题，但并没有深入地、刻苦地研究与思考，以粗知太史公的"究天人之际，通古今之变"为满足，并抄下来，贴在床头。至于如何"通古今之变"，实际上根本茫然不知。尽管在求学期间，政治运动不断，但我珍惜放牛娃的出身，深知父兄的汗水钱来之不易，仍然读了大量的书，我的借书证就换过好几本。不过，我几乎完全埋首在具体的史实里，对今——现实，对古——过去，很少甚至没有做连贯的纵向思考及横向的比较、剖析，其结果，必然是既不知今，也不知古。因此，在此期间，我不仅在史学上没像样的成绩可言，更重要而且令人痛心疾首的是，很快在政治上栽了大筋斗。当"文革"的红色狂飙从神州大地上呼啸而起时，我没有去回顾中国政治史，却深深卷进"文革"，落了个家破人亡的境地。1968 年春、秋，1970 年冬，我曾三次身陷囹圄。在丧失自由的痛苦日子里，我在心中重温历史，认识现实，也就是把古与今紧密地联系在一起，苦苦探索，终于在今古之间，混沌初开。在受政治迫害的日子里，虽然被批斗、训斥是家常便饭，被勒令示众、打扫厕所等等，更是司空见惯，但我从未想到自杀，从未丧失对未来的憧憬。因为这时我已懂得察古知今，眼前的种种政治把戏，没有一样不是古代封建专制主义的翻版。当时，我不知道什么时候能重获自由。亡友杨廷福教授（1924—1984）在摘掉"右派分子"的帽子后，曾在无人时，长叹一声对我说："你现在是'潜龙在渊'，还不知何年何月才能'龙飞九五'呢。"老大哥的关怀使我感动，也使我茫然。

皇天不负苦心人，"不信东风唤不回"。1977 年 4 月，我终于由上海市公安局彻底平反。我重新拿起了笔。

"文革"中因各种政治案件而受株连的人，数不胜数。我妻过校元女士（1937—1970），一位年轻的物理学者，就是因我而被株连迫害致死的。难道还有比自己的亲人死于非命更惨痛的吗？怀着悲愤，我写出了《"株连九族"考》。在这篇文章的结尾，我写道："明清之际有句俗话说：'从死地走一回，胜学道三十年。'血的历史教训启示我们，必须坚决荡涤封建专制主义，健全社会主义法制。应当把'株连九族'这具封建僵尸，永远深埋在历史的坟墓之中!"显然,倘若我未在"文革"中"从死地走一回",就不会对"株连九族"的历史及现状有这样深切的认识。明明是疯狂的政治迫害,却一切都在"革命"的辞藻下,在"万岁"之声不绝于耳的热潮中进行。我参加过打倒别人的大会,跟着大家一起高呼"万岁,万岁,万万岁"此起彼伏;在打倒我的大会上,也是一片"万岁"声,如歌如潮。在这场批斗会上,有人训斥我:"你怎么不跟着叫'万岁'?!"而在另一场批斗会上,有人斥责我:"你是反革命分子,有什么资格喊'万岁'?!"呜呼,这时我才懂得了,"万岁,万岁""思不出其位"。1978 年下半年至1979 年春天,我陆陆续续搜集历史上"万岁"的资料,考察"万岁"的来龙去脉,终于写出了曾产生广泛社会影响的《"万岁"考》。不仅不少省的内刊转载了这篇文章,后来《新华文摘》及海外的《大公报》等报刊也转载了此文,台湾的《中国时报》还专门发了一条消息。这些年来,与海外学术界同行交往日多,听好几位朋友都说读过此文,并谬承夸奖。一个真正的有良知的史学家,他的脉搏,应当与时代、人民的脉搏跳动一致,只有这样才能写出反映人民心声、触动时代敏感神经的作品。使我难以忘怀的是,几十年前,虽严冬已过,但残雪犹存,真个是"乍暖还寒时节"。在当时的历史条件下,倘没有一些好友的鼓励,我未必有足够的把握让文章面世。杨廷福学长当时客居中华书局,我们不时小聚,他不仅极力怂恿我写《"万岁"考》,还提供过几条材料。文章成篇后征求意见时,许多人都劝我不要发表,说文章太尖锐了,可是,我寄给在廷福兄介绍下得以结识并成为好友的著名学者冯其庸教授,他很快就来信说,收到此文后,他连夜快读一遍,觉得写得很好,"嬉笑怒骂皆成文章,可连浮数大白"!而《未定稿》的编辑李凌、王小强同志,收到我的文章后很快就打来电话,说用最快速度发表,并从此成为好友。"独学无朋则不乐",作为今人,倘把自己关在象牙塔里"遗世独立",很可能没有胆量面对严峻的现实,也就不可能率先去打破史学禁区,理直气壮地面对古人。继《"万岁"考》之后,我又陆续地写了《烧书考》《吹牛考》《语录考》《说天地君亲师》等文章,社会反响是好的,后来这些文章收入《"土地庙"随笔》。从《光明日报》《文汇报》《北京日报》《大公报》的书评看来,读者最感兴趣的,仍然是这些文章。

当然这些文章都不过是读史札记,或历史杂文,对史料的搜集、诠释,远非尽善尽美。但重要的是,我写出了我心中的话,写出了今人迫切想了解的古代有关此类问题的知识,写出了一些史学家想说又不敢说的话。就此而论,我觉得没有在史学界白活,没有对不起中国古代史这个饭碗。

在实践中,我终于逐渐明白,作为史学家,如何处理今与古的关系?结论应当是:今古何妨一线牵。事实上,这些年来我出版的专著、小册子,发表的论文、读史札记、随笔、杂文,大体上都贯穿了这条线索。在相当程度上,它们都是在清理封建专制主义的精神垃圾、深挖其历史与现实的土壤。有的文章从标题上就可看出内容,如《阿 Q 先辈考略》;而大多数的著述,有心人自能从中领悟到我对现实中种种历史流毒的针砭。

当然,今古一线牵,并不是新的史学方法,更不是我的创造。太史公的"通古今之变",可以说在逻辑上已经包含了今古一线牵的命题。读过《史记》及《太史公自序》《报任安书》的人都能深刻感受到,倘若不是对今、古两头都有深刻的理解,特别是在蚕室中遭受奇耻大辱,他不可能写出那样有血有肉、传诵千秋的史学巨著。一部中国史学发展史足以证明,一个对社会现实冷漠、稀里糊涂的人,很难理清楚古代历史纷繁的脉络。古人司马光等不必论矣,近代的史学大师梁启超、郭沫若等,在史学实践中熔古今于一炉的辉煌业绩,更是尽人皆知的。

显然,不学如我,今古何妨一线牵,不过是跟在史学大师身后学步、描红而已。虽然学无成,鬓已秋,但聊堪自慰的是:自知只有中人之智,治史未敢偷懒,文章不论长短,皆心血之痕,从不掺水;在现实生活中,从未头插风向标,曲学阿世,深知良心不能论斤两,否则有何资格评说古人? 同时,坚持史学研究的理性、科学性,坚决摒弃那种混淆古今、既歪曲古也歪曲今的帮派史学。

"潇洒走一回",这句歌词现在成了常常挂在人们嘴边的口头禅。而对我这个捧着碗向二三百年前,甚至是几千年前的古人讨饭的佣书者来说,从来就没有如此轻松、洒脱的感觉。大文豪东坡老先生在《和子由渑池怀旧》诗中有谓:"人生到处知何似? 应似飞鸿踏雪泥。泥上偶然留指爪,鸿飞那复计东西。"(《苏诗补注》卷三,春雨斋刻本)我出版的研究明清史的论著,也不过是不才在研究明清史路途中留下的"雪泥鸿爪"而已。其实,说得直白一点,恐怕借用我去年初在《文汇报》上刊出的蹩脚文章《雪泥鸡爪》来比喻,要更贴切些。我本文人,脑子里难免"野豁豁",或者用附庸风雅的话来说,形象思维比较发达。但是,研究历史,不管用什么方法,必须以实证为前提,"步步为营",这与鸡啄食时用爪子刨一下,啄一下,"去芜存菁",食可食之物,慢慢积累,实在是颇为相似的。

细说起来,我端上研究明清史的饭碗,纯属偶然。1955 年我考大学时,一心想进新闻系,却录取在历史系。当初要是进了新闻系,也许我今天的命运会是另外一番情景,至少不会埋首在故纸堆,也不会在"文革"时被"四人帮"的打手大大抬举:"你说的以古讽今的黑话,写的黑文,可以出一本书了!"不过,正如前贤朱贤《续偶然诗》所说:"世间多少偶然事,要到偶然不偶然。"(明余永麟:《北窗琐语》第16页,《丛书集成初编》本)且不说文史本来是一家,前文已述,早在混沌初开的童年,我从草台戏、小人书中就接受了历史知识的启蒙教育。历史与我,也确有难解的情结。1960年,我从复旦大学历史系中国古代史专业毕业,留校当研究生,专攻中国农民战争史。后有司调整专业方向,我改读元明清史专业,拜师于陈守实(1893—1974)教授门下。陈师是位严师。他对我的指导,除了听他开的"中国古代土地关系史"这门课外,便是参加由他主持的中国古代史教研组的学术活动,也可登门向他请教。平时他并不过问我看什么书,写什么文章。但是,他一贯强调,要精通理论,要系统掌握第一手资料,文章要有新意。他要求每学期都要交一篇文章给他看,有好说好,有歹说歹,说歹时毫不留情。而且我还真有一篇自鸣得意的文章,被他当头棒喝。陈师治学的最大特点,是"严谨"二字。自问在他的熏陶下,虽然下笔不可能像他老人家那样千锤百炼,而且对发表慎之又慎,但撰文不论长短,从不敢拆烂污、人云亦云,免得有辱师门,这是我敢断言的。鉴于我无心啃洋文,特别是学蒙古文求师无门,这对于研究元蒙史来说,难免有"盲人骑瞎马,夜半临深池"之虞,我放弃了元史,专攻明清史。在三年多的时间里,我读了《明史》、部分《明实录》、不少明人文集笔记,读了《清史列传》、部分《东华录》及数量可观的清初人文集,其中有相当一部分,如程先贞的《海右陈人集》、王宏撰的《山志》等,都是复旦图书馆的珍藏本,有些书,过去从来无人问津,我还是第一个借出来,掸去书套上的灰尘。阅读时,除了摘录有价值的史料外,我更重视以专题研究来带动阅读,向纵深发展。除了毕业论文外,我已成篇的学术论文就有《论方国珍》《论元末农民战争与宗教》《〈日知录〉剖析》《论蔡牵活动的性质》《论氏族公社残余在中国封建社会后期的闪现》等等。可惜的是,在我顺利通过研究生论文答辩,走上工作岗位不久,还来不及将这些论文交刊物发表,随着我被打倒、被践踏,那些在求学期间辛苦积累的资料、写成的文章,都被抄得一干二净,化为冷烟寒灰。因此,等我重新研究明清史,那已是 1978 年以后的事,等于是重新白手起家。人生苦短,精力有限。在研究过程中,我终于原则上放弃了清史,潜心于明史。

在一般读者看来,可能以为我研究明清史是兴之所至,东一榔头西一棒。其实并非如此。我研究明史的重点在于研究明朝的政治、文化(包括社会生活在内的大文化)以及明末清初阶级关系的变化。因此,我的文章无论长短,大体上不出上述范围。

明代学者谢肇淛曾尖锐批评当时的史学:"今之作史,既无包罗千古之见,又无飞扬生动之笔,只据朝政、家乘,少加润色,叙事惟恐有遗,立论惟恐矛盾,步步回顾,字字无余,以之谀墓且不堪,况称史哉!"(《五杂组》卷十三,"事部"一,中华书局刊本)不幸的是,虽说已相隔几百年,如果拿这些话来批评当今的史学界,也还是切中时弊的。我力求做些变革,力主文史结合及今古一线牵。我写的大量读史(主要是读明史)的札记、小品,是用文学笔调写的,有的直接取材于明清,有的立足于明清而瞻前顾后,并审视当代,本身就是我研究明清史的精髓所在,读起来至少没有读长篇学术论文那样闷气。

治史的过程,是个长期积累的渐进的过程。倘有朝一日,无奇不有的神州大地上,突然冒出个二十岁的大史学家,必定是骗子无疑。今日史学界,五花八门。写本把书,混个芝麻绿豆大学官,便不知自己几斤几两,对史学前辈指手画脚者有之;不过懂点冷门,却被捧成"超天才",名声像滚雪球般越滚越大者有之;热衷于出风头,妄想当所谓学科领袖者有之;看到东西洋人便顿觉自己矮几分者有之。如此等等。我虽不学,所幸还与此辈所谓大学者有别,在有生之年,当继续像我的生肖老牛一样,在明清史学园地默默地耕耘。

该结束本文了,依然心潮难平。忽然想起南宋词人蒋捷的《虞美人·听雨》,似有所悟,现活剥一首,用以述怀,自属"油坊"作品,平仄非所计也:

少年闻史戏台上,
古今糊涂账。
壮年读史忧患中,
浦江呜咽神州泣西风。
而今治史燕山下,
鬓已染霜花。
千古兴亡总无情,
一线贯穿历历看分明!

总　说

回眸大明王朝

明朝从洪武大帝朱元璋开国,到末代崇祯皇帝朱由检亡国,共十六帝,历十七朝,长达二百七十七年,有些历史学家为叙述的方便,说是三百年江山,这当然是个概数。这在秦汉以后的历代王朝中,是享有国祚比较长久的,可以和享有盛名的大唐王朝平起平坐,仅此一点就足以表明,大明王朝是个了不起的王朝。明朝确实辉煌过。

朱元璋在元末农民战争的废墟上建立了明王朝。他出身贫苦,对元朝的腐败、在元朝统治下下层百姓喘息在死亡线上的千难万苦,有深切的了解,有切肤之痛。因此,他采取严厉的反腐败手段,以高压态势,甚至不惜用国家恐怖主义来铲除贪污分子。虽然他在晚年也曾经反思,用割脚筋、

朱元璋画像(故宫博物院藏)

朱元璋像(貌丑、怪,大概是朱元璋故意让画工为之,
使其面目全非,在世间流传,为防身术也)

钩肠、炮烙、剥人皮等等让人触目惊心的酷刑来对待罪犯是太过分了,严禁后世再用,但是,他在明初实行的大张旗鼓、雷厉风行的反贪污措施,对于整肃吏治、建立清明的政治秩序、使国家机器正常运转,起到了很好的作用。他深知保持社会安定的重要性,派专人每天黄昏时在道路上一边敲木铎(木舌的铃),一边高喊"和睦乡里,教训子孙,各安生理,毋作非为"等几句话,以提醒行人;五更时,在谯楼上一边吹着古老的乐器"画角",一边高唱"创业难,守成更难,难也难"等歌词,以此告诫臣僚,尤其是百姓。后者被称为"画角吹难"。

当然,要想使社会长期保持安定的局面,光靠这些举措还是不够的。

朱元璋十分重视中央权力机构的建设与运作,他想大权独揽,又不至于事必躬亲,否则仅每天看奏疏,做批示,就有可能把他累得半死。开国之初,明朝的政权机构基本上是"穿旧鞋,走新路",也就是采用元朝的制度。中央设中书省,置左右丞相,是最高的行政官,并置平章政事、左右丞、参知政事等辅佐官员。下设传统的六部——吏、户、礼、兵、刑、工,各部首长是尚书、侍郎。中书省是最高行政权力机关,全国各地给皇帝的奏章,都要先送达中书省,而皇帝的诏令谕旨,也要经过中书省再下达。在实践过程中,朱元璋认为,他的至高无上的皇权下面,多了中书省这个中间环节,不利于他的独裁。洪武十三年(1380)正月,朱元璋杀了丞相胡惟庸,撤销了中书省,并宣布永远废除丞相制度,谁敢建议恢复,就要严惩。他把中书省和丞相的权力归属六部,从而使六部的职权大大提高了。少了中书省这个皇权运作中间环节的结果是,朱元璋成天手忙脚乱,不胜其劳。于是,在撤销中书省的半年后,他找了四个帮手,也就是所谓"四辅官",

朱元璋的重要谋士刘基像

协助他复核审议吏部、刑部的用人及审判等工作。但所选之人，都是年高德重、满腹诗书的老儒，他们的行政运作水平很低，难以胜任繁重的行政工作。洪武十五年（1382）七月，朱元璋撤销了"四辅官"，老儒们都先后告老回乡。其后，朱元璋又参考宋朝制度，设置华盖殿大学士、武英殿大学士、东阁大学士，但不过是五品官，仅帮助皇帝看奏章，料理文牍，不参与重要的政务。而深刻影响明朝政治生活的内阁制度，要到朱元璋死去，朱棣从建文帝手中夺权后，才逐步完善起来。而此时的内阁，权力仍在六部之下，到了仁宗、宣宗时，内阁制已发展到阁权重于部权。这一时期著名的"三杨"（即大学士杨荣、杨士奇、杨溥）治国，是阁臣权力已可与从前丞相比肩的标志，内阁首辅的票拟成了皇帝的诏谕。当然，明中叶后，皇帝不是年幼就是荒唐怠政，也只能依赖阁臣处理国家大事。

不受制衡的权力将迅速导致腐败，皇权更是如此。秦汉以来，逐步形成了权力牵制的监察系统，明朝当然也不会例外。明初设有中书省、都督府、御史台，御史台的监督作用尤大。朱元璋吸取了历史上以小制大的经验，御史仅为七八品的官员，但他们有权纠劾百官，影响很大。御史台的最高长官是御史大夫，下有御史中丞、侍御史、监察御史等官。以后职官的名称有变化，但其监督作用并没有变化。朝廷经常派监察御史巡视各方，监督政务，称巡按御史。今天我们经常在戏曲舞台、银屏上看到"巡按大人"威风凛凛的身影，可见巡按对历史影响的深远。

在地方行政制度方面，明初设置行中书省，建制类似中书省，直接归中书省领导。随着朱元璋撤销中书省，行中书省也就必然寿终正寝。朱元璋将天下十三个行省改置承宣布政使司（简称"布政司"），左右布政使为布政使司最高长官，掌管一省行政事务。

明朝宦官人数众多,危害甚大,是东汉以来祸害国家、社会最严重的宦官;明朝的藩王,是皇权卵翼下相当腐朽的特权阶层,也就是寄生虫阶层,是明王朝沉重的经济、政治包袱。对这两大问题,本书有详尽的专题解说,此处从略。

包括明朝在内的中国封建社会的政治,都是官僚政治。从中央到地方的庞大官僚系统,需要不断有士大夫的"英灵尽来归"。朱元璋对士人采取两手政策:严惩那些怀念元朝老主子、不肯与明朝新主子合作的士人;同时,积极培养为我所用的士人,延揽英才。朱元璋经常巡视最高学府国子监,考察学生的勤惰。国子监的最高长官为祭酒。地方上的儒学教育机构,有府学、州学、县学、卫学等。有意思的是,国子监设博士,府学设教授,也有助教,但这些都是官衔,而不是时下的职称。官学中一律"以吏为师",因为办学的宗旨,归根结底,是为王朝输送官吏。

明朝的科举制度,是从洪武三年(1370)开始的。朱元璋曾下令,所有文臣都由科举而进,"非科举者毋得与官"。科举考

杨荣像　　　　　杨士奇像　　　　　杨溥像

7

试由乡试、会试次第举行。乡试中第者为举人,第一名俗称解元。会试由礼部主持,在京师举行,三年一科,高中者统称进士。廷试后,第一名是状元。第一届会试规定取士百名,以后数量不等,直到明中叶,才有每科取三百人的规定。在实践过程中,朱元璋觉得科举出身的官员,酸儒不少,这样的素质难以成为国家的栋梁之才。他曾下令各级官员,荐举品德高尚,有真才实学、治国本领的人加入官员行列,被举荐的贤才也可以推荐其他人才。但是,科举考试毕竟还是大明王朝培植士子的主要途径。

中国历代王朝,真正的护法神是庞大的军队。朱元璋将军队牢牢地控制在手中。他设置军事机构的原则,是不让这些机构权力过于集中,尽可能地分权,不至于影响他的军权在握。最初,他设立大都督府,以大都督节制军事。洪武十三年(1380),朱元璋觉得大都督府的权力太大,罢大都督府,改设中、左、右、前、后五军都督府,分别统率内外诸军。左、右都督等官,多半由勋戚担任。显然,这是血统论在作怪,以为王公贵族子弟不会挖大明王朝的墙脚。五军都督府尽管掌管军队,却没有人事任免权,人事任免权归兵部掌管。军队的调动权、指挥权,归皇帝一人,真是死死地抓住枪杆子。地方最高军事机构称都指挥使司,有的地方还设置了行都指挥使司。都指挥使当然也没有调兵的权力。

明朝军队的基本单位是卫所。军卫分京卫、外卫两种。军卫中有上直卫,实际上是皇帝的亲军,朱元璋曾设立二十六个上直卫,这支特殊的军队不归五军都督指挥。外卫则统辖于各都指挥使司。据洪武二十五年(1392)统计,全国军队共119.6万人,布置在京师一带的军队多达20.6万人。

赋役政策是封建王朝经济领域最根本的政策。早在洪武元年,朱元璋即派人核实浙西田亩,发现隐瞒不报的情况相当严重。洪武二十年(1387),朱元璋派监生至各地丈量土地,并绘成图表,进行编号。由于图表是一块块土地组成的,形状很像鱼鳞,所以叫"鱼鳞图册",简称"鱼鳞册",清楚地记录了某田产属某户。而黄册则记录了某户有某田产。两相对照,明王朝对土地和人口的控制,无疑是大大加强了,黄册更是官府征收赋役的依据。每年田粮分夏秋两次征收,朱元璋还创立了粮长制度,以保障田税粮能顺利征收。朱元璋也很重视减轻农民的徭役负担。他下令,凡是额外征钱征役的人,都要处罚。但是,法久弊生。在封建关系的侵蚀下,黄册制度、均徭均役,后来都变异了,这不是封建统治者的主观愿望所能决定的。

朱元璋鉴于元朝末年币制混乱、通货膨胀严重,采取措施,统一货币。他首先铸造"洪武通宝"铜钱,后来又发行纸钞,叫"大明宝钞"。有趣的是,明朝各个时期发行的纸钞,都用洪武年号,故又称"洪武宝钞"。纸钞的发行,无疑促进了全国经济、商业的发展。但是,明朝印纸币的数量,不是根据经济发展的实际需要印制,有很大的主观随意性,洪武十八年(1385)的十一个月内,就印钞690多万发行到市面上,这只能导致纸币的迅速贬值。

经过明初政治、经济等领域一系列政策的实行,社会经济得到了恢复、发展。洪武二十六年(1393),全国户数10 652 870,人口60 545 812,土地8 507 622顷,超过了以前各个朝代。就在这年,米麦两项田粮达3 000多万石,钱钞达45 000锭,绢达288 000多匹,国家的经济实力大大增强。永乐时期,社会经济有了进一步的发展。郑和"七下西洋",无论是舰队的吨位、设施、航海技术,在世界上都处于领先地位。至今保存的国宝永乐大钟重84 000斤,高17尺多,钟上刻铸佛经约22万字,显示了铸造技术的高超水平。这也是明初生产力发展、综合国力增强的象征。在明初经济发展的基础上,到了明中叶的嘉靖、万历时期,封建经济更呈现繁花似锦的状态。商品经济的迅速发展、商业资本的空前活跃,让人目不暇接。不少新兴城镇相继出现,如江西的河口,由一个渔村一跃而成为繁华的城市。明朝全国一等大都市就有近三十座,不但是政治中心,也是商品交换的中心。随着手工业的发展,一些新的行业如雨后春笋般涌现,民间口语中的"七十二行",演变成几乎人人动辄挂在嘴边的"三百六十行"。这一时期,白银进入市场,并成为主要货币。秦商、晋商、浙商、闽商、徽商、洞庭商等大商帮,在商业领域非常活跃。

封建经济的繁荣,为文化的繁荣奠定了物质基础。长篇小说《三国演义》《水浒传》《西游记》《金瓶梅》,至今仍是文学巨

利玛窦与徐光启画像　　　　《金瓶梅》插图,描绘蒋竹山药铺状

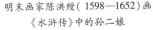

明末画家陈洪绶（1598—1652）画　　　崇祯皇帝朱由检像（故宫博物院藏）
《水浒传》中的孙二娘

著,受到读者喜爱,并在世界范围内产生影响。汤显祖的《牡丹
亭》,塑造了一个穿越生死轮回、追求爱情矢志不渝、简直是美的
化身的杜丽娘的典型形象,可谓千古不朽。汤显祖这位文学巨
匠,与同时代的英国大剧作家莎士比亚,堪称是东西方戏剧领域
的双子星座,交相辉映。同一时期诞生的宋应星的《天工开
物》,是我国科技史上的不朽名著;李时珍的《本草纲目》,更是
具有世界级影响的药学巨著;而晚明徐光启的《农政全书》,不
仅系统地总结了中国农业生产的经验,还介绍了西方的农业
技术。

　　显然,当我们今天回眸几百年前大明王朝的浩瀚长空,可以
清楚地看到群星闪烁,"耿耿星河欲曙天",是何等的辉煌!但
是,大明王朝没有也不可能走出历代王朝的轮回:中叶以后,法

纪几乎荡然无存,"上下交征利",腐败像瘟疫一样蔓延,民穷财尽,百姓揭竿而起。万历皇帝贪财好货,派出宦官至全国各地征收矿监税,疯狂敛财,激化了社会矛盾。其后朝廷中的阉党、东林党势如水火,门户森严,斗来斗去,借用梁启超的话说,"一直闹到明朝灭亡拉倒"。天启年间,陕北农民走投无路,开始造反,到崇祯年间,终于成了燎原之势,以李自成、张献忠为代表的农民军,如暴风骤雨,席卷大地,明王朝严重腐败的国家机器,已难以抗衡。而关外的后金在崛起,他们拾起当年老祖宗的旧梦,一心想入主中原。最终,明王朝、农民军、后金三种政治力量较量的结果是,崇祯十七年(1644)三月李自成进京,崇祯皇帝自缢殉国。但李自成很快就被时已称清军的后金与汉奸吴三桂的联

景山东麓的"明思宗殉国处"碑
(1930 年故宫博物院立,2004 年复立)

闯王陵——李自成墓（笔者摄于 2003 年 10 月 21 日。将闯王陵改为
"自成春秋"，不伦不类。笔者当即提出批评。现已改回。）

军击败，走上逃亡之路，并于次年五月在湖北通山县九宫山下被
地方反动武装杀死。另一位农民军领袖张献忠，则在四川凤凰
山被清军射死。轰轰烈烈的农民大起义失败了，而他们的后继
者李定国、李来亨等"联明抗清"，掀开了二十多年可歌可泣的
抗清斗争史的光荣篇章。最终，清朝统一了中国，在明王朝奠定
的物质基础、文化基础上，继续谱写历史的篇章。明清是个完整
的历史时期，没有明朝先辈们的艰难创业，让清朝"清承明制"，
坐享其成，并由此迈开历史的步伐，也就不会有清朝后来一度出
现的辉煌。

分说

燃烧的大地——元末农民大起义

元朝末年,腐败横行,尖锐的社会矛盾已经白热化,民众纷纷揭竿而起,当时人曾惊呼"满城都是火"。实际上,遍地都是火——农民大起义的熊熊烈火。第一个扯起造反大旗的,是北方白莲教的领袖韩山童,以及他的得力干将刘福通。白莲教是元朝中期开始流行于民间的秘密宗教组织,在元末特定的政治条件下,转变为反对现存统治秩序的组织形式。汉代以来,民间的秘密宗教一直扮演着反对腐败王朝的政治角色。"石人一只眼,挑动黄河天下反",是当时流传在黄河流域的民谣——当然,也极有可能是白莲教首领编造,蓄意在群众中散布的。韩山童精心策划,派人凿了一只眼的石人,埋在将要挖掘的河道里。石人挖出,百姓奔走相告,以为反元是天意,起了很大舆论作用。不幸的是,因起义消息泄漏,韩山童被追捕杀害,其子韩林儿逃到武安山中。刘福通继续举起起义大旗,攻占朱皋(今固始)、蜀山、真阳(今正阳)、确山等地,队伍发展到十万之众。他们穿红袄,系红巾,打红旗,人称"红巾军""红军"。一石激起千层浪,李二、赵均(也写作军)用、彭大等相继在徐州一带起义;徐寿辉、彭莹玉(即彭和尚)、邹普胜等,在湖北起义;其后,孙德崖、郭子兴等聚众在濠州(今安徽凤阳东)起义。后来成了明

17

太祖的朱元璋,便出自郭子兴的部下。他们都打着"红巾军"的旗号,相继建立了政权。不属于"红巾军"系统的造反首领,有来自泰州白驹场(今大丰市白驹镇)的贩私盐起家的张士诚,他攻占兴化、泰州等城市后渡江南下,占领苏州,称吴王。另有方国珍,他是浙江黄岩人,从事贩盐、海上走私。元末黄岩社会矛盾尖锐,有民谣说:"天高皇帝远,民少相公多。一日三遍打,不反待如何!"方国珍为仇家所诬告,亡命海上,愤而造反,建立政权。但后又投降元朝,拥兵自重,帮元朝海上运粮。最后投降于朱元璋,老死南京。

还有湖北随州农家子明玉珍,少负大志,元末大乱中,他招兵买马,屯于青山,后成了徐寿辉部下,被授以征虏大元帅之职,镇守沔阳。他经三峡,攻下重庆,建立起国号大夏的明氏政权。可惜他登上大位后两年即病故,年仅三十六岁,其子明升继位。明玉珍统一了四川,他生性俭朴,轻徭薄赋,重视文教,受到百姓的拥戴。在朱元璋从反元到削平群雄的统一战争中,连陈友谅、张士诚辈都被消灭,明升又哪里是朱元璋的对手?被迫投降后,朱元璋担心明氏政权深得蜀中人心,对巩固自己的政权不利,将他流放高丽,这与陈友谅之子陈理是同样的命运。六百多年过去了,朱元璋的赫赫功业、万丈气焰,连同他的众多子孙,都已消逝在历史的烟尘中。但令人回味的是,陈友谅、明玉珍的后代,至今在韩国繁衍不绝,20 世纪 80 年代以来,相继到他们祖宗出生的地方及墓地(按:陈友谅的墓在南京长江大桥下,明玉珍的墓在重庆江北织布厂内)凭吊,庄严的历史毕竟无情也有情。

附:徘徊在明玉珍墓前

　多年以前,我在报纸上看到一条消息,重庆市江北的一处工地施工时,挖出了明玉珍墓,文物甚多,正在清理云云。作为明史学者,此讯使我甚感振奋。20 世纪 80 年代,有重庆的明史学者来访,得悉明玉珍墓已得到精心保护,地面重新建陵,命名为"明玉珍纪念馆",列为文物保护单位,并对外开放,这更使我欣慰不已。

最近,我应友人之邀,终于来到这座云雾缭绕的山城。在一坪宾馆住下后,即向接待的朋友打听,答复出我意料,说从未听说过有个明玉珍墓。再向土生土长、熟悉重庆情况的司机打听,也是连连摇头说不知道。无奈之下,我便致电在重庆一家报社当副刊编辑的文友,令我惊讶的是他居然也说不知。但是,他当即与市博物馆的一位朋友电话联系,终于打听出"明玉珍纪念馆"在江北横街织布厂内。次日上午,我即驱车前往。司机对江北的路不熟,一路打听,几经周折,终于在一条小街上找到了。在工厂的围墙上,有一小块很不显眼的标志:重庆市文物保护单位明玉珍陵。建筑古气盎然,气势恢弘。奈何铁将军把门,只能从门缝里张望,依稀看到一些展览说明。里面到底陈列了一些什么出土文物,地宫情形如何?不得而知。工厂门卫告诉我们,有位退休老者拿着钥匙,每晚 8 点半来守陵。他的住址、电话皆不知,无从联系。我当即用手机与江北区文管部门联系,也毫无结果。其时细雨霏霏。我冒雨在陵前踟蹰,看着盛开的月季,想起古人"宫花寂寞红""雨打梨花深闭门"的诗句,不禁感慨万千。

明玉珍(1329—1366),湖北人。他是领导元末农民大起义、推翻元朝的英雄之一。他身先士卒,征战数载,后攻克成都,成陇蜀王。至正二十二年(1362)四月,他在重庆建立政权,称帝,国号夏,纪元天统。他统一了四川,受到百姓的拥戴。惜英才不永,令人浩叹。明初大儒方孝孺称颂他贤明,四川"咸赖小康"。对于明玉珍这样一位彪炳千秋的反元英雄、为四川立下特殊功勋的历史人物,其陵墓应列为国家级文物保护单位,现在竟受如此冷落,令人寒心。

紫禁城的日出日落——从南京到北京

朱元璋在元朝政治废墟上建立起大明王朝,定都在南京。南京是六朝古都,又称白下、金陵等,俗称石头城,历史悠久,形势险要。但是,朱元璋驾崩,孙子朱允炆(也就是建文帝)继位后,朱元璋的儿子朱棣(也就是永乐皇帝)却不甘心俯首称臣。他犯上作乱,打着"靖难"的旗号,起兵夺权,一巴掌把建文帝打下去,夺了江山。建文帝生死不明,他的下落成了历史之谜。尽管朱棣对拥护建文帝的大臣大搞"瓜蔓抄"式的株连九族,几乎赶尽杀绝,但江南潜在的政治离心势力,仍是他心腹之患。北平是他经营多年的政治大本营,势力盘根错节,因此他觉得只有迁都北平,才能使他稳坐龙椅,永固江山。此外,他认为来自于外部的敌对势力,莫过于长城外的游牧民族"胡骑",只有让北平成为全国的政治中心,才能更有效地抵抗来自茫茫草原的"胡骑"的侵扰。

北京的历史非常悠久。倘从"北京人"的出现算起,至今已约七十万年。自西周以来,北京先为燕国都邑,秦汉时期,成为统一的中原王朝的北方重镇。至金代的中都,北京第一次成为皇都。在元、明、清三代,北京更发展成为高度集权的封建专制王朝的政治中心,也是经济中心、文化中心。

朱棣迁都北平后,将北平改为北京。南京的名称依旧,也有

朱元璋的长眠之地——明孝陵（阿轮摄）

"六部"之类的政府机构，但南京不过是陪都，政府机构不过是
中央王朝的派出机构，起着保存祖制、政治上稳定人心的作用。
北京的宫殿是永乐十五年（1417）正式动工的，永乐十八年
（1420）基本竣工。北京宫殿是以明初南京故宫为蓝图建造的，
气势恢宏。它背靠金山，前临金水河，负阴抱阳，体现了中国传
统的阴阳观念。皇宫位于北京城中心的中轴线上，显示了皇帝
是至高无上的权力中心，虎视天下，威风八面。

　　太和殿曾称奉天殿、皇极殿，俗称金銮殿，几乎妇孺皆知。
这是皇宫外朝中心建筑，也是皇宫主体建筑三大殿之一，是三殿
中最重要的大殿。以后多次重修、重建，清代乾隆三十年
（1765）重修，至今完好如初。明、清两代的皇帝，登基、朝会、庆
寿等重大仪式都在这里举行。这龙楼凤阁、九重丹阙、一砖一

瓦、一木一石，无不散发着以皇权为核心的封建专制主义气息。中国古代天文学家将天上的星宿分成若干区域，如三垣、二十八宿等。三垣的中心区域叫紫微垣，是天帝的处所。因此，紫禁城就是紫微垣在人间的翻版，皇帝是天子，代表天的意志主宰人间，享有至高无上的权力。以太和殿而论，达十一间之多，而按照封建等级制的规定，即使是官居一品，宅第通常也只是三间。再看屋顶，使用了等级最高的重檐庑殿顶，以显示其无比的崇高。殿中的六根金柱，全部沥粉贴金。倘若民间建房，有谁敢哪怕是模仿故宫的一招一式，就是犯了僭越大罪，会被扣上图谋不轨的大帽子而遭到杀戮，甚至株连九族。

太和殿里皇帝的宝座，是用楠木制成的，有二米多高。坐在上面，不仅是高高在上，而且是至高无上！廊下摆着金钟、玉磬等乐器。皇帝上朝时，乐声大作，香烟袅袅，万岁之声，不绝于耳，充满神秘气氛。这是封建王朝的第一把交椅。从政治学的角度来看，五百多年来故宫的历史，很大程度上就是争夺这把交椅的历史。崇祯十七年（1644）三月十八日，李自成的农民起义军打进北京。次日清晨，"忽喇喇似大厦倾，昏惨惨似灯将尽"，崇祯皇帝朱由检见大势已去，在煤山（即景山）的一棵歪脖子榆树上吊死，"血污游魂归不得"，大明王朝在大悲剧中落幕。

皇帝的神化与剥皮——明朝皇帝一瞥

随着中国最后一个皇帝溥仪先生的郁郁而终，中国的历代皇帝似乎已经是一个遥远的梦。其实，就拿明朝来说，自从明成祖朱棣将首都从南京迁到北京，共计有十四个皇帝先后在故宫里称孤道寡，叱咤风云，历经悲欢离合、生老病死。其中的少数皇帝,如永乐皇帝、弘治皇帝、崇祯皇帝,头脑还比较清醒,其余的,多半生活在梦中。虽然他们也吃喝拉撒,但头上闪耀着神乎其神、圣乎其圣的"君权神授"的光圈——尽管不管是人眼还是狗眼,谁也看不见。于是在很长时期内,皇帝成了神,让人诚惶诚恐,不敢仰视。

就拿明太祖朱元璋来说吧。本来他家穷得上无片瓦、下无寸土,几乎连裤子也穿不上,是个讨饭的困难户。朱元璋小时候为混口饭吃,只好替大户人家放牛,后来干脆到皇觉寺这座庙里当了小和尚,苦度光阴,是再凄惶不过的小老百姓了。可是,等到他率领一帮子穷哥儿们,把脑袋别在裤腰带上,参加红巾军造反,推翻了元朝,一筋斗翻到天上,一屁股坐到大明王朝的第一把交椅上,当上了开国皇帝后,很快就被大大神化起来。常言道:"泥菩萨越涂越亮,老母猪越吹越壮。"据明朝嘉靖年间王文

朱元璋曾在此出家为僧

禄写的《龙兴慈记》这本书记载,明朝初年就掀起了造神运动。一会儿说朱元璋离开娘胎时,"屋上红光烛天",皇觉寺的和尚看了大吃一惊,以为是失火了,第二天才知道是朱元璋出世。一会儿说朱元璋当了小和尚后,不知道是患了多动症,还是别的臭毛病作怪,经常捅娄子,当家和尚忍无可忍,下令把他捆起来,丢在台阶下。没想到朱元璋居然做了一首诗,大声念道:"天为罗帐地为毡,日月星辰伴我眠。夜间不敢长伸脚,恐踏山河社稷穿。"其实,这时候的朱元璋,斗大的字不识几个,怎能作诗? 这不过是造神的吹鼓手编造的牛皮而已。甘蔗越嚼越甜,神话越编越玄。又说朱元璋当放牛娃时,人小胆大,公然杀掉一只小牛,煮熟吃了,却把牛尾巴插在地上,骗主人说:地上突然裂了一条缝,小牛陷进去了。主人拔牛尾巴,结果尾巴陷入地中,主人深信不疑。更神的是,说朱元璋当上小和尚后,在庙里打扫卫生,用扫帚敲敲伽蓝像,说:"缩脚! 让我扫地。"伽蓝立刻就把脚缩进去。老鼠啃了佛像前的蜡烛,朱元璋大怒,责怪保驾护航的护法神伽蓝光受香火不管事,在他的背上写了"发去三千里"几个字。夜里老和尚梦见伽蓝来辞行,说:"当今新皇上发配我三千里。"第二天早上,老和尚见伽蓝背上有字,追问朱元璋。元璋说:"我是开玩笑的。现在我把伽蓝放了!"晚上,老和尚又梦见伽蓝来道谢,感谢朱元璋从宽发落。同样神乎其神的是,当时江淮大地上流言四起,盛传要接新天子,朱元璋好奇,也站在一块倒在地上的石碑跌石龟背上眺望远方,石龟居然向前爬了十几步! 如此等等。不断涂、不断吹,朱元璋也就由人变成神,成了人间活菩萨,并且越来越亮,越来越壮。

皇帝被神化的一个重要标志是成了龙,穿的绣有张牙舞爪的金龙的袍子叫龙袍,坐的刻上龙的椅子叫龙椅,皇帝哈哈一乐叫龙颜大悦，皇帝绷紧老脸叫龙颜大怒，皇帝见阎王老子去了叫龙驭上宾，甚至干脆把朝廷就叫做龙廷。虽然把皇帝与龙画上等号的把戏秦汉就开始了，但这套把戏耍得最熟练、达到登峰造极水平的，还是明朝的皇帝。

分
说

说不尽的朱元璋。他坐了龙廷后，曾亲自写了一篇《周颠仙人传》，把一个疯和尚周颠说得比济公活佛还神。此人神神叨叨，到处"告太平"。朱元璋当年攻打南昌时，周颠也来"告太平"，唠唠叨叨，朱元璋听烦了，叫人拿缸把他盖住，用柴禾围住放火烧，烧了三次，掀开缸看，周颠只出了一点汗。以后打九江，攻安庆，周颠说胜就胜，要风有风，简直是诸葛亮第二。更教人佩服的是，十多年后，朱元璋害了热病，差点死了，后来吃了周颠仙和叫天眼尊者的道士送来的药，服下去，当晚病就好了。您瞧，这多神，多灵！朱元璋的文章一发表，周仙人的名字就家喻户晓了。而很快，另一个神话又沸沸扬扬传开了，说朱元璋生病，派人到匡庐天池山顶上找到周颠仙，要他调查天上二十八星宿的办公室，发现二十七间都有人，只有一个星宿的屋子里空无一人，有条蛟龙，耷拉着头，无精打采，还流着血。周颠仙说"此世主也"，也就是说这是朱元璋，原来人家是天上的蛟龙下凡的！明朝皇帝虽不同，但是无人不称龙。故宫太和殿里形形色色的龙，一共有多少，恐怕谁也数不清！据不完全统计，太和殿内外的龙纹、龙雕等各种各样的龙，有 13 844 条之多，群龙飞舞，真让人眼花缭乱。而每当皇帝上朝时，乐声大作，香烟袅袅，万岁之声，不绝于耳。这一切都显示，皇帝是真龙天子，是神不是人！

但是，一切神都是人造的幻影，何况区区皇帝。什么龙裔凤胄、龙子龙孙，都是扯淡。常言道："皇帝也是人养的。"一样的肉眼凡胎，一样的七情六欲。与常人不同的是，他们手中握有至高无上的绝对权力,而且绝对不容分享,总想把家天下一代一代传下去,重复做着秦始皇的千年皇帝梦。为此,他们不惜制造冤狱,株连九族,切人头如切西瓜。明朝初年,朱元璋为纠正元末社会积弊,不惜矫枉过正,实行恐怖政策,大搞法外法,滥施酷刑,剥皮、抽筋、钩肠、火烙、水煮、凌迟(也就是千刀万剐),无所不用其极。据野史记载,开国名将常遇春之妻是个醋婆子,不让丈夫与朱元璋所赐的两个宫女同房,朱元璋知道后大怒,派人将其妻杀死,剁成一块一块,分赐功臣,并写上"悍妇之肉"。常遇春知道后,惊恐成疾,得了癫痫这个不治之症。朱元璋更把开国元勋、功臣宿将,几乎全打了下去。最荒谬的是,朱元璋将封为韩国公的左丞相李善长强拉硬扯到宰相胡惟庸的大案中,诬陷他谋反,杀了他,并将他的妻女弟侄家七十余人统统杀死,可怜李善长已经是七十七岁的老人!事后,深得朱元璋赏识的著名才子解缙,曾上书为李善长喊冤辩诬,驳得朱元璋哑口无言,但李善长一家,早已是"血污游魂归不得"了!廷杖(用大棒把大臣的屁股打得皮开肉绽,甚至当场打死)虽然前朝就有,但到了明朝中叶,几乎成了朝廷的家常便饭,充分暴露了皇帝的残忍歹毒。不过,最能反映皇帝心狠手辣的,还是凌迟的酷刑。按照规定,凌迟刀数为 3 357 刀。头一天先剐 357 刀,剐出的肉片如大指甲般大小。第二天再剐,如果犯人提前死了,就要反坐刽子手。明武宗时的大宦官刘瑾就是这样被处死的。据明朝人张文麟写的《端岩公年谱》记载,刘瑾第一天被割了 357 刀后,押回牢中,还能喝一碗粥;第二天又押赴刑场再割,痛苦到极点,真是太不人道了!

明朝有首歌曲唱:"一日南面坐天下,又想神仙下象棋。洞宾与他把棋下,又问哪是上天梯。上天梯子未做下,阎王发牌鬼来催。若非此人大限到,上到天上还嫌低!"几乎没有一个皇帝不想长生不老、"万寿无疆",嘉靖皇帝更是个典型。他在童年时就迷信道教,当了皇帝后,更是大张旗鼓地求神拜仙,大炼丹药,一心成仙,把大量少女弄到宫中,用她们初来的月经和别的药、石和在一起,炼成所谓的金丹。嘉靖二十一年(1542)十月,宫女杨金英等肯定是目睹了少女们被摧残的悲惨景象,加上她们自己也常常遭到毒打,有的人被活活打死,遂趁世宗熟睡之际,用黄绒绳勒其颈部,差点让他一命呜呼。不幸的是,这些少女毕竟有些手忙脚乱,未能将嘉靖皇帝勒死,后来她们统统被凌迟处死。这次事件充分暴露出嘉靖皇帝腐朽、狰狞的嘴脸。

鲁迅先生在《病后杂谈》一文中说:"大明一朝,以剥皮始,以剥皮终,可谓始终不变。"这实在是非常沉痛的史论。朱元璋以汉高祖刘邦为师,流氓气十足。明初,他"乱世用重典",对贪官污吏实行酷刑,砍脚、钩肠、炮烙等等,无所不用其极。最令人发指的就是将人皮剥下来,内实稻草,挂在城门示众,人称"剥皮揎草",至今江浙一带口语中,还保留这个词。笔者童年乡居时,就曾听到人们吵架时,恶骂对方,扬言要"揎草"。朱棣上台后,剥了忠于建文帝的景清的皮,直到明朝灭亡后,在南方残山剩水间苟活的南明秦王孙可望,仍然剥了御史李如月的皮。可见朱元璋、朱棣实行的国家恐怖主义的遗毒是多么长久,对于被神化的皇帝,不啻是血淋淋的控诉。

暗无天日的诏狱

《诏狱惨言》是一本只有十四页的小书,收在《指海》丛书第五函中。作者为了隐姓埋名,署"燕客具草"撰,但实际上,是时人顾大武的手笔。这本书很值得一读。透过它所记录的使明末清初不少读者"发指眦裂"的血腥事实,三百多年前极端专制主义君权统治下的特种监狱——诏狱的种种罪恶,便重新展现在我们眼前。

何谓诏狱? 新版《辞海》解释说,即"皇帝诏令拘禁犯人的监狱"。这个解释是比较贴切的。当然,跟封建专制主义锁链上的种种"国粹"一样,诏狱并非明代的"特产",而是资格甚老,古已有之。史载:"绛侯周勃有罪,逮诣廷尉诏狱。"可见汉文帝时已设诏狱。当然,在汉代以后的朝代,有时也把奉皇帝诏书审讯的案件称为诏狱,但比起《诏狱惨言》中所述明末的诏狱来,真是小巫见大巫了。

《诏狱惨言》记的是"天启乙丑杨、左六君子事",也就是公元 1625 年的"六君子"关在诏狱受尽迫害的情景。所谓"六君

杨涟像(采自清刻本《杨忠烈公文集》)

子"是指当时已被罢官的副都御史杨涟、佥都御史左光斗、给事中魏大中、御史袁化中、太仆寺少卿周朝瑞、陕西副使顾大章。起先，臭名昭著的阉党头子魏忠贤，拉大旗作虎皮，捏造罪名，把杨涟等六人拖入天启初年曾任内阁中书的汪文言的冤案，捕入诏狱。但是，后来魏忠贤的走卒、大理寺丞徐大化出鬼点子说，仅仅将杨涟等与汪文言挂上钩，不过是坐以已成旧案的罪过，不如"坐纳杨镐、熊廷弼贿，则封疆事重，杀之有名"。这样，杨涟等人就被分别诬陷为接受熊廷弼贿赂，导致明军在关外与后金（清）之战中丧师辱国，实在是"罪莫大焉"（按：熊廷弼的被杀，本身就是个大冤案）。更可怕的罪名既已定下，更残酷的迫害就必然接踵而来。请看：

　　次日之暮，严刑拷问诸君子；虽各辩对甚正，而堂官许显纯（按：魏忠贤的干儿子，其手下"五彪"之一）袖中已有

左光斗象牙印章（苏州市博物馆藏）

成案,第据之直书具疏以进。是日诸君子各打四十棍,拶、敲一百,夹杠五十。

七月初四日比较(按:即审问、用刑),六君子从狱中出……一步一忍痛声,甚酸楚。……用尺帛抹额,裳上脓血如染。

十三日比较。……受杖诸君子,股肉俱腐。

十九日比较。杨、左、魏俱用全刑。杨公大号而无回声,左公声呦呦如小儿啼。

二十四日比较。刑卒……是夜三君子(按:杨涟、左光斗、魏大中)……俱死于锁头(按:狱卒之头)叶文仲之手。

二十八日……周公(按:指周朝瑞)至大监,不半时许,遂毙郭贼之手。

限于篇幅,我们不便详细摘抄《诏狱惨言》中杨涟等所受的种种折磨,以及书内对诏狱中各种刑具的介绍,但仅从上述的节录中,我们不难看出,在审问之前,审问官"袖中已有成案",早已编造好假口供,审问完毕,便"具疏以进",直接报给皇帝。堂堂国家大臣被任意诬陷、逼供、索款、拷打、暗杀,一个个都惨死于诏狱之中。

人们不禁要问:明代有完备的司法机关,即刑部、大理寺、都察院(简称三法司),在审讯杨涟等人的过程中,为什么不能过问?这是因为,诏狱是由皇帝亲自操纵的特务机关——锦衣卫直接把持的,谁也奈何不得。凡是诏狱关押的人犯,三法司谁也不敢问津。《明世宗实录》曾慨乎言之:"国家置三法司以理刑狱,其后乃有锦衣卫镇抚司专理诏狱,缉访于罗织之门,锻炼于诏狱之手,裁决于内降之旨,而三法司几于虚设矣。"唯其如此,诏狱比起一般监狱来,才显得更加暗无天日。诏狱中的一件件冤案,"举朝莫不知其枉,而法司无敢雪其冤""法司非胆力大于身者,未易平反也"。在诏狱中谁想要活着出来,真是难于上青天。万历年间,诏狱中不仅关了几百人,狱中"水火不入,疫疠之气充斥囹圄"。有些人竟然一关就是几十年。钱若赓在礼部任职期间,因在选妃时得罪了神宗皇帝朱翊钧,朱便想找个机会把他杀掉。后钱若赓出任临江知府,被诬为酷吏,由朱翊钧亲自下令,投入诏狱。结果钱若赓坐牢达三十七年之久,终不得释。他的儿子钱敬忠成进士后,连连上疏鸣冤,读来真是字字血泪:"臣父下狱时,年未及四十,臣甫周一岁,未有所知。祖父祖母,年俱六十,见父就狱,两岁之中,相继断肠而死。……止余臣兄弟三人,俱断乳未几,相依圜土。父以刀俎残喘,实兼母师之事。父子四人,聚处粪溷之中,推燥就湿,把哺煦濡……臣父三十七年之中……气血尽衰……浓血淋漓,四肢臃肿,疮毒满身,更患脚瘤,步立俱废。耳既无闻,目既无见,手不能运,足不能行,喉中尚稍有气,谓之未死,实与死一间耳!"幸亏钱敬忠上疏时,朱翊钧已经寿终正寝,明熹宗朱由校总算动了一点恻隐之心,把仅剩一口气的钱若赓释放,其才没有死在诏狱内。本来,封建时代所有的监狱都是人间地狱,但在明代,凡是偶有从诏狱中被转到刑部监狱中的犯人,对比之下,竟觉得刑部监狱简直就是天堂了。明末瞿式耜就曾经写道:"往者魏(忠贤)、崔(呈秀)之世,凡属凶网,即烦缇骑。一属缇骑,即下镇抚,魂飞汤火,惨毒难言。苟得一送法司,便不啻天堂之乐矣。"显然,比起刑部监狱这座人间地狱来,诏狱的惨无人道,实在是第十八层地狱!

杨涟等人被魏忠贤之流的阉党关进诏狱,受尽凌辱、酷刑,惨死狱中,不能不说是个莫大的悲剧。特别是杨涟,他曾经上疏弹劾魏忠贤二十四条大罪,为"寸磔忠贤,不足尽其辜",确实是个忧国忧民、疾恶如仇的铁骨铮铮之士。但是,包括杨涟在内的"六君子",无一不是封建社会的愚忠。杨涟在狱中写下的血书里,固然有"大笑大笑还大笑,刀砍东风,于我何有哉"以抒愤懑,但是,他在临死前写的《绝笔》中,仍然坚信"涟死非皇上杀之,内外有杀之者。雷霆雨露,莫非天恩……以身之生死,归之朝廷"。明孝宗(朱佑樘)弘治十八年(1505),李梦阳在诏狱中写下的"昔为霜下草,今为日中葵。稽首沐罔极,欲报难为词"的诗句,可以说写出了明代所有关在诏狱中的那些忠而获咎者的心声。杨涟辈对魏忠贤恨之入骨,但魏忠贤难道不正是假天启皇帝朱由校至高无上的皇权,才得以逞凶肆虐,作恶于诏狱之中,流毒于普天之下的吗?就此而论,杨涟至死还在叨念天恩,同样也不能不是个莫大的悲剧。

《诏狱惨言》是一面历史的镜子。它从一个侧面照出了封建社会法外之法的可憎可怖,从而揭示了像《大明律》那样严密的法典,以及三法司那样完备的司法机关,在皇帝特设的诏狱面前,不过是一纸空文,形同虚设。它更是明代大肆膨胀、高度发展的皇权,在进一步强化封建专制主义过程中充分暴露的腐朽、野蛮、残酷的一个缩影。听一听三百年前杨涟等人在诏狱中的凄厉呼喊、悲惨呻吟,对于我们了解封建专制主义的危害,是不无裨益的。

"金丝笼中金丝鸟"——明朝的藩王

顾炎武在论及明代宗室时,曾说:这些人大都沉湎在富贵里,狂妄骄横,不知礼义,游手好闲,什么坏事都干得出来,名义上是天枝,实际上是"弃物",也就是废物。这一针见血之论,活脱脱地勾画出明代宗藩的脸谱。堂堂明王朝的"龙子凤孙""天枝玉叶",成了一钱不值的废物,是发人深思的。

每个封建王朝的开国君主,都比较注意汲取前朝覆亡的教训,从而采取新的措施,以确保天下长治久安。朱元璋认为,必须加强宗藩势力。洪武三年(1370),他大封诸王,控制要害地方以分制海内。朱元璋对此很自得,强调封藩关系到大明江山的安危,是最好的长久之计。不仅如此,朱元璋还给诸王以一定的典兵之权,护卫甲士少者3 000人,多者至19 000人,在诸王的王国中,不仅置文官,还设武将。但是,他做梦也没有想到,他的"长久之计",不但没有起到"藩屏国家"的作用,反而使明王朝背上了无法卸掉的沉重包袱。

朱元璋子孙众多,随着岁月的流逝,形成了一支庞大的队伍。其人数究竟有多少,史料记载不一,考史者说法也不一。洪武三年(1370)封、十一年(1378)就藩太原的晋王,至嘉靖初年,已增郡王、将军、中尉等1 851名。张瀚认为隆庆初年宗藩人数"属籍者四万,而存者二万八千五百有奇"。清初温睿临在评论明代宗藩时,曾说:"其后本支愈繁衍,遍天下几百万。""几百万"是个概数,也显然是个夸大了的数字。根据比较准确的记载,万历三十二年(1604),宗藩人数在8万以上。以此推论,迄明之亡,宗藩人数当有十多万之众。他们的耗费,成了封建国家的沉重负担。以嘉靖初年为例,仅山西晋王一府便岁支禄米87.23万石。时人梁材在奏疏中曾不胜感慨地说:"百姓税粮有限,而宗枝繁衍无穷。"嘉靖中叶,全国每年所供京师米计400万石,而各处供藩府子孙的禄米,却是853万石;山西一省存留米麦84.3万石,而宗室禄米却需192万石。显然,这是多么严重的财政危机！

　　"天潢贵胄"的藩王们，多半是游手好闲之辈；无法无天、作恶多端、穷奢极欲者，更不乏其人。有的藩王，一副流氓恶棍嘴脸。早在洪武初年，封在山西不久的晋王朱㭎，即无法无天，坏事做绝。他威逼民间子女入宫，不中意者打死，烧成灰，送出宫外；对宫女滥施酷刑，有的被割掉舌头，有的被五花大绑，埋于雪中，活活冻死；将七至十岁的幼男阉割一百五十多名，不待其伤口愈合，就令人运到府内，致使多名幼童死亡。建文元年（1399）四月，湘王朱柏伪造宝钞及残虐杀人，建文帝闻讯后，降敕切责，议发兵讨之。永乐初年，汉王朱高煦私选各卫健士，又募兵三千人，不录籍兵部，纵使劫掠。宣德年间，周宪王弟朱有嬉"掠食生人肝脑"，简直是个披着人皮的豺狼。隆庆初年，安丘王府奉国将军朱观熰杀死弟妇，纵火焚其家，企图灭口。靖江

著者与同行在桂林桂王陵前（时在 1985 年。陵址破坏严重，由桂林市政府重新修建。）

王府奉国中尉朱经讯、朱经讯以私忿持刀杀其兄朱经设,暴其尸于市,却诬陷朱经设奸逼继母,诡称他俩是奉母命处死他的。而辽王朱宪炜的荒淫歹毒,更是骇人听闻,公然淫乱从姑及叔祖等妾,逼奸妇女,或生置棺中烧死,或手刃剔其臂肉,剜人目,炙人面,烨人耳,等等。嘉靖年间的鲁王朱观㷎与朱宪炜堪称"今古何殊貉一丘"。此人淫戏无度,男女裸体群浴于池。

藩王中颇多贪鄙之徒,盗窃者有之,敲诈勒索者有之,抢夺民田、兼并屯田者有之,掠夺民舍者有之,完全是国家经济生活的蛀虫。明末的福王朱常洵,更是个典型。其母是万历皇帝的宠妃郑贵妃,故他备受恩宠。从全国各地搜刮来的矿监税达"亿万计",郑贵妃将其中很大一部分中饱福王私囊。他在洛阳就藩后,又是占山东、湖广良田,又是独霸中州盐利,甚至把手伸到四川,搜刮该地的盐井、榷茶银,以致崇祯时河南百姓都说:"先帝耗天下以肥王,洛阳富于大内。"其府内"珠玉货赂山积"。万历以后,允许宗藩子弟经科举考试后出仕。其中有的人,一朝权在手,就大肆搜刮,贪婪至极。如朱卫殉任户部主事,榷浒墅关,苛刻异常,动辄重罚,空船亦责其纳钞。女人过关,纳银八钱,商贾及民,无不痛恨。

值得注意的是,宗藩还往往与宦官相勾结,或扰民,或谋叛,危害天下。宁夏安化郡王朱锺谋反失败后,在其府第被抄出总兵太监等官敕印关防符验。而宁王朱宸濠起兵谋反,大搞分裂活动,更是与宦官内外勾结的结果。宁王本来已因罪革去护卫,但后经重贿刘瑾,"准复",使其羽翼日渐丰满。当王阳明率兵平叛,攻克宁王老巢后,曾查出一个账本,里面记载着朱宸濠与宦官勾结的证据,仅来往的书信,竟达两篓之多,这是他们狼狈为奸的铁证。宦官接受朱宸濠的贿赂,更是有账可查,动不动就是几千两银子。

由此不难看出,明代宗藩无论是在经济上还是在政治上,都是明王朝的腐蚀剂,危害多端。

当然,如果有谁认为明代宗藩的子孙是天生劣种,那就大错特错了。且不说,他们之中有身处逆境,不甘沉沦,发愤攻读、著述,终于成为杰出音乐家、文学家的朱载堉,我们还能举出其他一些学者、忧国忧民之士。如周定王朱橚,乃朱元璋第五子,好学,能辞赋,曾作《元宫词》百章。他深感封地河南土旷人稀,地

朱有燉(朱元璋第五子朱橚长子)剧作《黑旋风仗义疏财》明刊本插图
(朱有燉博学多才,尤工词曲,并撰有《诚斋乐府传奇》。)

瘠民贫,便从当地丰富的野生植物中,查出荒年可以采来充饥的,共记录了 414 种,一一绘制成图,附上说明,编成《救荒本草》一书。除已见于过去本草书中的之外,新增的有 276 种,从而发展了本草学。据朱橚的长史卞同替此书所写的序,朱橚搜集到这些野生植物后,都种在园子里,亲自观察研究,把每一种植物的可食部分记下,这种严肃的科学态度是难能可贵的。李时珍、徐光启都十分重视这部著作。《救荒本草》是我国植物学史、农学史上闪光的篇章。问题在于,朱元璋对子孙采取了一揽子包到底的政策,赋予他们种种封建特权。地方官吏得罪藩王子孙,每遭严惩。如洪武十二年(1379),广西布政使张凤、按察司副使虞泰等,仅因所谓的"公然侮慢""搬说是非"的过失,被朱元璋亲自下令,治以"剥皮重罪"。更重要的是,宗藩子孙们呱呱坠地即有一份吃到老死的禄米,无须为生计犯愁,在万历以前,也不允许宗藩子弟入试,对多数游手好闲之徒来说,自然是乐得胡乱厮混。

早在洪武九年(1376),即定诸王公主岁供之数:亲王岁支米 5 万石、钞 2 万 5 000 贯、锦 40 匹、纻丝 300 匹、纱罗各 100 匹、绢 500 匹、冬夏布各 1 000 匹、绵 2 000 两、盐 200 引、茶 1 000 斤、马匹草料月支 50 匹。其段匹,岁给匹料,付王府自造。靖江王岁米 2 万石,钞 1 万贯,余物比亲王减半,马匹草料月支 20 匹。公主未受封,每岁支纻丝、纱、罗各 10 匹,绢、冬夏布各 30 匹,绵 200 两;已封,赐庄田一所,计岁收米 1 500 石、钞 2 000 贯。明王朝对宗藩还有诸如宗室公主即位之赏、到封国就任之赏、来朝之赏、有功之赏等等,为数相当可观。如仁宗初年,赏汉王朱高煦、赵王朱高燧各黄金 500 两、白金 5 000 两、锦 100 匹、丝 200 匹、罗 200 匹、纱 200 匹、胡椒与苏木各 5 000 斤、钞万锭、良马百匹。

洪武十年(1377)楚王桢之国武昌,赐黄金1 600两、白金2万两、钞2万锭。永乐十四年(1416),赐蜀王椿黄金200两、白金千两、钞400锭、米千石、胡椒千斤、马10匹,"以发谷府反谋功也"。永乐二十二年(1424),赐赵王高燧白金3 000两、钞3万贯、彩币200表里、马10匹。如此等等。宗藩的生居死穴,也都是由官府营造的。早在明初,蜀王朱椿就藩成都前,朱元璋亲笔敕谕四川都司护卫指挥及布政司,"差诸色人匠兴造蜀王王城宫室,务要军民共同兴造,如制奉行"。此后,各王府将军而下宫室坟茔皆由官办,渐成定制。至成化中,更定为则,给价自行营造。大抵郡主的房价是1 000两,镇国将军下至中尉,递减至500两。这还不过是法定权限范围内的一般情形。而宗室藩王拉龙旗作虎皮,仗皇权之势,用法外权巧取豪夺,也是屡见不鲜。如伊王世子朱典瑛,多持官吏短长,甚至公然殴打御史,其横暴可想而知。其所居宫墙坏了,夺民居以广其宫。掠来女子700余人,留貌美者90余人,放回的勒索其家以金赎,与强盗的绑票行径,毫无二致。朱宸濠在谋反前,不仅强夺民间田产子女,还与江西大盗吴十三、凌十一等勾结,"劫财江湖间",官府根本不敢过问。历史表明,封建特权从来是孳生蠹虫的温床。

随着明王朝各种矛盾的加剧,财政危机日趋严重,而明代宗藩子孙的人口膨胀之大之速,又是史所罕见,明王朝对如此巨大的特殊消费层,实在是供不应求,无能为力。于是,宗藩子孙们的地位就不能不随封建特权的渐趋削弱而江河日下。

"生于皇家,适以囚禁之",这寥寥九个大字,给我们描绘出一大批皇室子孙在皇权的牢笼中,穷愁潦倒,无可奈何。这也是封建特权腐朽性的生动写照。

朱元璋深知,其子孙系天下安危,也曾频频告诫他们要"蓄养德性,博通古今,庶可以承藉天下国家之重"。在他看来,以血缘关系为纽带,用"亲亲之道"熏陶出来的藩王们,定能成为大明一统江山的拱卫者。这种认识,表明他忘记了历史上吴楚七国之乱的教训,不懂得为争夺至高无上的第一把交椅,在历代皇室内,曾经演出过多少骨肉相残的悲剧。最典型的例子,莫过于平遥训导叶伯巨上万言书,恳切地指出"分封逾制,祸患立生",看出了大封诸王所潜伏的危险性,并开出了并不高明的补救药方。但是,朱元璋仍然在做梦,竟大怒,扬言要亲手杀死叶伯巨,吃他的肉,何其歹毒!尔后重复发生的大大小小的诸王谋反事件,充分证明了叶伯巨的预见性。甚至朱元璋临终前夕大脑还清楚时,也已觉察到燕王朱棣的动向值得警惕,下旨一道:"说与晋王(按:时朱棡已死,子济熺嗣立)知道,教陈用、张杰、庄德预先选下好人好马,堤备临阵时,领着在燕王右手里行。"时在洪武三十一年(1398)五月十二日,而这个月初八,朱元璋已病危,为巩固皇太孙皇位,谨防朱棣搞政变,故特做此安排。人之将死,其梦方醒,这对朱元璋来说,真是个辛辣的讽刺。

明代宗藩的酒囊饭袋们,在明末大动乱中,除个别人物外,无不显示出他们的卑怯无能。其结果,不是让明末农民军将他们连同其护法神崇祯皇帝一起埋葬,就是被打得落花流水,成了名副其实的"弃物"。而明亡后,被人们抬头捧脚供奉起来的南明诸王,有的猥琐不堪,有的唯知在残山剩水间恣情享乐,终日沉湎于醇酒妇人之中,如南京弘光小朝廷的福王朱由崧,在国破家亡后,仍然纵淫乐,用"人参饲犬羊",及大肆搜集蟾蜍酥,制造春药,以"蛤蟆天子"的秽名遗臭万年。有的虽登上新的王座,却终日风声鹤唳,未见清兵踪影就望风而逃,如被抗清英雄李定国等人在西南拥戴的桂王朱由榔,就是一个无能的怕死鬼,每遇大敌当前,唯知一走了事,以致搬迁不定,疲于逃命。顺治五年(1648)初,桂王想从桂林西奔武岗,瞿式耜劝他:"敌骑在二百里外,何事张皇?"桂王听罢,竟厉声说:"你不过是要我死罢了!"真是何其昏庸也!借用近代词曲泰斗吴梅形容福王的曲语来说,他们不过是金盆狗屎而已。他们的结局,是乃祖朱元璋始所未料的。

当然,综观明代宗藩种种问题,不能简单地归结为朱元璋个人制定封王之制的结果。只要封建制度存在,就一定会搞世袭制,从而不可避免地出现明代宗藩的各种弊端。地主阶级——包括他们最杰出的代表人物——是不可能解决宗藩这个大问题的。以清朝而论,开国之初,为了笼络人心,曾"告谕前朝诸王,仍照旧爵",背起明朝遗留下来的政治包袱。但不久,他们终于甩掉它,动辄扣上反清之类莫须有的帽子,加以剪除。但是,可悲的是,"清承明制",封建政权的本质又决定了大清王朝仍要沿着老路走下去,重蹈世袭制的覆辙,用金丝笼养金丝鸟的办法,来厚待宗室子孙,结果在新的历史条件下,出现了八旗子弟这个严重的寄生阶层。

"高筑墙,广积粮,缓称王"——朱升的悲剧

在"文革"中期,活跃在六百多年前元末农民战争历史舞台上的朱升,成了妇孺皆知的人物,他献给朱元璋的著名三策"高筑墙,广积粮,缓称王",被赋予新的含义,为人们所津津乐道。但是,乐道并不等于研究,如果有谁问起朱升的其人其事,恐怕除了前引"三策"中的九个大字外,未必再知有其他。其实,朱升在历史上的贡献,又岂止向朱元璋提出"三策"!

多年来,史学界几乎无人研究朱升。在各种涉及历史人物的年表、辞书中,即使有提到朱升,介绍他的主要活动,也仅仅是"三策",连朱升的生、卒年,均付阙如。实际上,朱升生于元成宗大德三年(1299),卒于明洪武三年(1370)冬十二月。

朱升,字允升,休宁人,后徙居歙。歙,隋开皇九年(589)置歙州,宋宣和三年(1121)改名徽州,所以某些史籍亦称朱升为徽州人。朱升幼年,师事当地的著名学者陈栎。陈栎,字寿翁,屯溪人,"十五乡人皆师之"。何以故?因为他景仰朱熹,发愤研究,光大朱子的学问,在当地影响很大。朱升经常向陈栎"剖击问难,多所发明",颇受陈栎的器重。至正四年(1344),朱升登乡贡进士第二名,八年(1348),任池州路学正。管理学田有方,"讲授以身示法,南北学者云集"。这不仅显示了朱升的才干,而且表明了他在知识分子中的影响远远超出徽州地区的范围。更难得的是,朱升广交师友,哪怕是小巷百姓、樵夫、渔夫、家庭妇女,只要有一言一事可取,他都虚心吸取,这种博采众长、不以"闻于贱者"为耻的治学态度,使他知识渊博,了解民情。这对他后来辅佐朱元璋削平群雄,推翻元朝,建立大明王朝的事业,具有决定性的作用。

至正十二年(1352),朱升"秩满南归",在家乡石门山隐居。此时,元末农民战争的烽火已经愈燃愈炽,徐寿辉的人马一直打到徽州,朱升的息养之所成了交兵之地。后来,他追记此事说:"十二年,蕲黄兵蹂郡邑,自是四五年间胜复者六七,杀伤炳炽,东奔西避……百死一生。"这种战乱颠沛的经历,应当是朱升不久即致力于统一战争的一个重要原因。在这兵荒马乱的岁月里,朱升"虽避兵奔窜,往往闭户著述不辍",依然手不释卷。

五年后,也就是至正十七年(1357),朱元璋"率诸将亲征浙东道徽州"，第一次与朱升见了面。关于这次会面的情形，史籍上的记载并不完全相同。官修史书谓："太祖下徽州，以邓愈荐，召问时务。对曰：'高筑墙，广积粮，缓称王。'太祖善之。"其他一些史籍，多与此同。但事实证明，朱元璋首次会见朱升，并非"召问"，而是效法三国时刘备亲顾茅庐的故事。成文更早的《学士朱升传》的记载很具体："丁酉（按：指1357年），天兵下徽，上素闻升名，潜就访之，升因进三策曰：'高筑墙，广积粮，缓称王。'上大悦。命预帷幄密议，所居梅花初月楼，上亲莅宸翰赐焉。"这就充分表明，朱元璋初见朱升时，是何等礼遇！当时，朱元璋虽有一支军队、几块地盘，但要削平群雄，称孤道寡，手中的本钱还差得太远，因此需要大力延揽群英，罗致人才，以是故，他才会特地登门，向朱升请教。

朱升加入朱元璋军后，做了哪些贡献？《学士朱升传》谓："大抵礼乐征伐之议，赞画居多。"但是，朱升究竟"赞画"过哪些"征伐之议"？未载。《明史》《明书》更是只字乌有。值得庆幸的是，《翼运绩略》填补了这个空白。读罢此篇，朱升在军事上积极为朱元璋出谋划策，以及跟着他在刀剑丛中出生入死，甚至还救过他的命等巨大功绩，便生动地展现在我们的面前。概括起来，主要有以下几点：

（一）徽州说降。这是朱升为朱元璋立下的首次军功。前已述及，早在朱升任池州学正时，"南北学者云集"，颇有号召力。同时，从宋代直至清朝初年，徽州地区宗法势力极强，聚族成风，历久不衰。朱元璋曾称朱升为"宗长"，固然显示了朱元璋礼贤下士，对同姓老者的尊重，同时也反映了朱升在徽州同族中享有族长之类的声望。朱升利用这种影响，跑到徽州城下说降。当时，元军福童、八元帅等，在徽州"练兵完城，坚守拒命"。

但是,"朱升独立城下",说道:"江南行省平章吴国公,智量英武,一代真主也,将军可早为善后之计,全万民之命。""福童等素服升有先见,遂开城出降。"《翼运绩略》的这一记载,是否可靠呢?让我们看看朱元璋是怎样叙述此事的吧。他在称吴王后为尊重朱升而特地给他下达的《免朝谒手诏》中,历数朱升之功德,其中有一条说:"新安款降,不俟兵刃,四方之士,杖策来从,皆卿齿德俱尊倡之也。"这就足以证明,朱升的徽州说降,完全是事实。

(二)保全婺州。至正十八年(1358)十一月,婺州(金华)"久拒不下",朱升建议朱元璋亲自前往指挥,朱元璋"因问兵要"。朱升说:"杀降不祥,惟不嗜杀人者天下无敌,五、七年为政于天下,乃成数也。"朱元璋采纳了他的建议,率领总制将军副都指挥使杨璟等众十万,命令行枢密院判官胡大海等"城破无许妄杀"。十二月,婺州破。朱升的建议,不仅有利于瓦解婺州守军,为攻克婺州铺平了道路,同时,克城后,使婺州得以保全。这对于提高朱元璋军的声誉、壮大军事力量,当然是很有益的。

(三)力荐三贤。打下婺州后,朱元璋即问朱升处州是否可伐。朱升对曰:"处州有刘基、叶琛、章溢,皆王佐才,难致麾下,必取处州,然后可得。"朱升对刘基等的赞誉,并不过分。刘基是青田大族,饱览经史,足智多谋。至顺年间考中进士,任高安丞、江浙儒学副提举等官,是在浙东地主阶级知识分子中极有声望的代表人物。叶琛,浙江丽水人,初为元将石抹宜孙幕僚,官至行省元帅;章溢,龙泉人,是著名理学家许谦的再传弟子,累官浙东都元帅府金事。叶、章二人,皆博学多才,能文能武,同时也都是处州地区有名望的豪族。刘、叶、章三人,加上宋濂(金华人),被称为"浙东四贤"。他们的加入,对朱元璋事业的发展,具有重大意义。至正二十年(1360)三月,刘基、宋濂、章溢、叶琛应聘到南京见朱元璋,朱"喜甚",优礼有加。

他们在各自的岗位上,用自己的才智,有力地推进了朱元璋的统一事业。以刘基而论,无论是在拱卫南京的决策中,还是在此后与陈友谅争雄和讨伐各地割据势力的进程中,他都起了军师的作用。章溢、叶琛在统一战争中也是克尽全力,叶琛最后在洪都(南昌)战火中壮烈牺牲。还须指出的是,作为浙东地区地主阶级代表人物的刘基等人参加了朱元璋部,对该地区政治局面的稳定是有很大作用的。有了这个局面,才能保障素有丝库、谷仓之称的浙东地区,向朱元璋提供大量的粮税以充军饷,也才可能从这里征调大量壮丁扩大军队,如仅章溢一人即"集到原部下二万名,令男章允载管领,赴京听调"。不言而喻,朱升力荐三贤,堪称卓识,功不可没。当然,朱升替朱元璋罗致的人才并非仅仅是上述"三贤",在朱元璋定都南京后,他还向朱元璋推荐过饱学有识之士。

(四)救朱元璋命。至正二十三年(1363)七月,朱元璋亲率二十万大军,增援已被陈友谅军包围八十五天的洪都守将朱文正,汉军被迫退去。但紧接着,双方在鄱阳湖激战三十六天。战斗的规模、残酷的程度,在中国古代水战史上都是空前的。水战初期,朱元璋军三胜之后,旋失利,为友谅所逼。都指挥使韩成向朱升求救,朱升建议:"贼尽兵而来,众多粮少,不能持久,我师结营于南湖嘴,绝贼出入之路,待其粮尽力疲,进退两难,前后受敌,克之必矣。"朱元璋说:"我粮亦少。"朱升对曰:"去此百里许,有建星、子星、天保、刘椿四家,蓄积稻粮,宜急去借,勿为贼先取也。"朱元璋即时派人往取,"果得粮万余,六军皆呼万岁,欢声震动天地"。朱升的建议,成了朱元璋战胜陈友谅的根本策略。至水战后期，陈友谅"粮且尽"，无法支持下去，就从鞋山冒死突围，打算从禁江口奔还武昌。朱元璋唯恐友谅逃走，冒着生命危险，在雨点般的流矢中亲"坐胡床指挥"。朱升见之，连忙将朱元璋"捧进船舱，而贼发流矢，已中胡床板矣"！如果不是朱升及时将朱元璋推进船舱，他很可能一命呜呼。也正是在这千钧一发之际，"友谅大喜张望，反被我师一箭射死"。据郎瑛考订，射死陈友谅的箭手，是郭英。朱升在鄱阳湖决战的关键时刻，所起的作用是如此之大，以至朱元璋在给朱升的《免朝谒手诏》中，也感激地说："卫余难于禁江口，尔宁不顾己躯；足兵饷于鄱阳湖，众跃声震天地。"

以上所述，不过是举朱升战功中的荦荦大端者。此外在攻诸暨时，朱升及时提醒严防张士诚部大将吕珍来堰水灌城，使朱元璋军"预防击败之"，以至捷报传来，朱元璋感叹地说："朱允升知其神乎！"鄱阳湖大捷后，朱元璋挥师武昌，朱升认为陈友谅之子"陈理恃张定边等奸谋拒命，难以战伐招降"，建议"不如为久困之计，分兵四门，立栅围之。江中连舟为砦，以遏水陆饷道，城中乏粮，心离乱作，可片纸下矣"。朱元璋从其计。次年二月，他又替朱元璋起草给陈理的招降书，"遣罗复仁入城"投送，陈理遂"肉袒衔璧出降"。至正二十六年（1366）正月，"朱升参赞军机"，大败张士诚军于孟子河，"迫至巫子门，获贼众一千"。次年九月，朱元璋"大集文武，议北伐中原，东取闽越，南平两广"，朱升出了不少点子，朱元璋"多善升议"。如此等等。

朱升不仅有武功，而且有文治。清代史家评曰："升于明兴之初，参赞帷幄，兼知制诰，一切典制，多出其手，与陶安、宋濂等名望相埒。"这是符合历史实际的。朱升在文治方面，从根本上说是为朱元璋制礼作乐，完善其政权，直至正式建立明王朝，把朱元璋捧上九五之尊的皇帝宝座。

至正二十七年(1367)十二月,朱元璋的北伐大军已平定山东,南征军已降方国珍。朱元璋感到形势空前有利,可以高踞皇位了,即"命朱升兼仪礼官"。不久,朱升"制定即位礼仪成,进上览毕,付中书省"。在演了一幕群臣拥立、"推尊帝号"的闹剧后,朱元璋于次年正月初四日登上皇位,定国号曰大明,建元洪武。与历代封建皇帝一样,朱元璋的礼仪是以法古为则,核心是维护封建等级制。朱升还专门为朱元璋制定了祭祀、斋戒礼,写了《斋戒文》,并为朱元璋编纂《女诫》,以防"内嬖惑人",败坏朝政。尚须指出的是,朱元璋"大封功臣,制词多升撰,时称典核"。朱升为朱元璋写了封李善长、徐达、常遇春、朱文忠、邓愈、刘基、陶安、范常、秦中、陈德等人的诰书。陈敬则对他写的李善长、徐达、常遇春、刘基四诰尤为称赞,以《明文衡》未收入为憾事。其实,朱升并不是一个擅长文辞的人,他的文章与诗赋,就文采而论,绝非千古绝唱。但是,朱元璋却把赐给李善长、徐达、刘基等开国元勋的制诰交给朱升撰写,这充分反映了朱升在朱元璋登极之际,在群臣中享有很高的威望,同样也表明了朱升在帮助朱元璋从打天下到坐江山的过程中,以老迈之身,效尽犬马之劳。

在功臣受封、加官晋爵的庆贺声中,朱升这位追随朱元璋十四年,出谋划策的老元勋,却"众醉独醒",头脑冷静。在朱元璋称帝后的次年三月,朱升即"请老归山",要求重返林泉。朱元璋"欲赐以爵位",朱升"固辞不受"。他说:"臣后人福薄,不敢叨天恩也!"朱元璋说:"卿子几何?即不受吾爵,独不使辅朕乎?""(朱升)涕泣下,哽咽对曰:'臣一子名同,事君之忠有余,保身之哲不足,臣所以不令其仕者,恐他日不得老死牖下也!'"

朱元璋听了很不高兴,说:"朕与卿分则君臣,情同父子,何嫌何疑而虑及此乎?"朱升答:"非臣过虑,数固然耳。但愿陛下哀念老臣,臣子不免,赐以完躯幸矣。"说罢,"涕数行下"。朱元璋见之,"亦为恻然,因与朱同免死券以慰之,驰驿送归"。君臣间的问答,俨如戏剧舞台上的对话,但这是千真万确的史实。

朱升的辞归,在群臣中激起了很大的反响。陶安、詹同、范准、吴鼎、练高、汪强、刘彦等皆赋诗送行。或摇首叹息,语极凄凉,如练高诗谓:"……岁久百川归学海,天空千里识文星。怀人霜鬓秋先白,送客云山晓独青。珍重回车烦寄语,长沙贾谊足飘零。"或称颂其识,善能保身,如吴鼎诗谓:"……掀天事业乾坤内,开国功勋宇宙间。明哲保身归隐后,翰林声价胜封王。"但是,叹息也好,称颂也好,都没有也不可能道出朱升归隐的真正原因,揭示出它所包含的深刻的社会性。

朱升在归里的次年,亦即洪武三年(1370)十二月,寂寞逝去,享年七十二岁。死讯传来,朱元璋没有任何表示。倒是朱升的友人、镇国上将军驸马都督王克恭写了一篇祭文,文中有谓:"呜呼哀哉!我知先生殁有遗憾者,岂不以其书未传其人耶?子孙未见其众多耶?"这些话,虽然伤感,但并没有触到朱升生前的遗憾、沉痛之所在。

朱升的退隐以及很快死去,无论从哪一点看,都不能不是个值得回味的悲剧。

朱升真的是那样无心爵禄、功成勇退吗?并不尽然。实际上,他深知朱元璋对他早有看法。吴元年(1367)七月,时称吴王的朱元璋,令朱升率领宫廷乐队入见,"设雅乐阅视"。朱元璋亲自击石磬,命朱升识五音。朱升"误以宫音为徵音",朱元璋很恼火,幸"赖熊鼎解之得止"。这件事,不能不在朱升的心中投下阴影:听错一音,竟招来朱元璋的龙颜大怒,如果犯了其他过失,岂堪设想! 如果说朱升真的有什么过失的话,按照朱元璋的逻辑,他的过失不外乎两条:一是曾经在元朝做过官;二是通晓天文,善于谋划。而说得直白一点,一言以蔽之,不过是朱升本领高、功劳大。

　　清代乾隆皇帝命令修《四库全书》时,征集天下群书,安徽巡抚采进《枫林集》献上。纪昀等为此书作提要时,写道:"升身本元臣,曾膺爵禄。而《贺平浙东赋并序》肆言丑诋,毫无故君旧国之恩,是尤不可训也。"纪昀等这样写,当然是为了讨好乾隆皇帝。此时清廷的避讳,不但包括金,而且包括元,看到书中有夷狄之类的字眼,就要勃然大怒,轻则删改,重则付之一炬,毁书灭迹。但是,这条提要倒也为我们道出了朱元璋讨厌朱升,或者说朱升畏惧朱元璋的一个重要原因。朱元璋在反元斗争中,态度从来是暧昧的,最近友人陈高华先生在《学术月刊》著文论之,我很赞同其论点。唯其如此,朱元璋建国后,很快建庙大祀历代帝王,将元朝皇帝也供奉其中,俎豆千秋,对元世祖的像,"塑工频加修饰"。对余阙等元朝的殉葬者,也大力表彰,血食一方。而对于元朝的降官,或在元朝任过职,后来参加朱元璋部打天下的文武官员,则加以侮辱甚至杀害。如对危素,朱元璋不仅嘲笑他,甚至拿他与元顺帝的那头入明后因不肯起舞而被杀的大象比较,"作二木牌,一书'危不如象',一书'素不如象',挂于危素左右肩"。此举堪称开挂黑牌的先河。朱升任过元朝池州路学正,加入朱元璋部后,在《贺平浙东赋并序》中,确实痛斥过元朝,说:"奚有华夷之分,内中国而外四夷也……元主中国,天厌之久矣! ……驱胡虏而复圣域,变左衽而为衣冠,再造之功,于是为大。"不难想见,如果朱升不是归隐得早,并死得也早,他的最好下场,也不过像危素那样备受凌辱。是的,在朱升向朱元璋提出归田时,朱元璋曾经表示"欲赐以爵位",但那不过是嘴上的东西而已!朱元璋在登极后,文武功臣一个个加官晋爵,授予庄田,独朱升却无寸土之赐,虽升本院学士,兼东阁学士,知制诰,兼修国史,实在无足轻重。其中奥妙,朱升当然早就看穿了。

至于朱升的功劳,前已详述。关于他的本领,一个突出之处,是精通天文。但是,在朱升生活的时代,天文学还处在神学的包围中,往往与占卜等求神问天的形式缠夹在一起。在朱元璋的东征西讨中,朱升不断以他的天文知识替元璋出谋划策,以至被誉为"蓍言趋吉避凶,往无不克",朱元璋甚至赞叹:"朱允升知其神乎!"但是,一旦天下夺到手中,在朱元璋看来,朱升这样的人就成了最危险的潜在政敌。我们从朱元璋称帝后即禁止私习天文,通晓天文者"率多不免于祸",以及与朱升一样精通天文的军师刘基最终仍不免被毒死的一系列事实中,是不难窥知其中奥妙的。

在元末的风云际会中,某些南方知识分子对历代封建帝王的屠戮功臣,是怀有戒心的。如昆山人顾阿瑛,拒不出仕辅佐张士诚、朱元璋,在《白云海歌·再叠前韵》一诗中,尖锐地写道:"大笑白衣对户牖,肘后黄金大于斗;草间逐兔纵得之,九鼎热油烹走狗!""狡兔死,走狗烹;飞鸟尽,良弓藏;敌国破,谋臣亡。"这是韩信被诬谋反就擒时说的悲愤之语,是对封建时代功臣每遭杀戮下场的惨痛概括。对于这种下场,朱升当然没有顾阿瑛看得那样敏锐,但是,比起李善长、徐达、刘基等人,毕竟要略胜一筹。当朱升归隐时,李善长还致书挽留,说什么"先生文学德誉,圣君所知,实儒流之老成,国家之众望,兹当作兴斯文,敝求

49

治道之际,岂宜高蹈丘园,独善而已哉"!而李善长自己最后的下场又是什么呢?洪武二十三年(1390),朱元璋将李善长牵扯到胡惟庸案中,假托星变,须杀大臣应灾,杀了时年已七十七岁的李善长及其妻女弟侄家口七十余人。事后,解缙上书为李善长辩诬,驳得朱元璋无话可说,但李善长一家,早已是"血污游魂归不得"了。比起李善长和一大批被杀的功臣,朱升得以老死林下,还算善终。但是,其独子朱同的下场却被他不幸而言中,最后还是死于朱元璋之手。朱同早在朱元璋进军浙东初期,即立下军功,明初官至礼部侍郎,善诗。"文才武略,图绘丹青,无所不精,时称为三绝""禁中画壁,多其题咏"。有一次,朱元璋命他题诗赐宫人,"忽御沟中有流尸,上疑同挑之,将赐死,因念允升请,使自缢",这就是朱元璋给朱升的恩典,这就是朱元璋的"免死牌"!什么亲顾茅庐,什么"宗长""情同父子""功名照汗青",什么"卫余难于禁江口,尔宁不顾己躯",朱元璋早已把救过他命的朱升的一切功劳,以及当年对他的赞扬、许诺,统统抛到九霄云外去了!可以说,朱同被害之日,正是朱元璋对朱升真情实感暴露之时,也是朱升个人悲剧的最后一幕。

但是,朱升的悲剧,不能单纯归结为朱元璋个人的品质问题。源远流长的封建专制主义的寡头政治,是必定要不断制造出这一类悲剧的。这就是朱升式悲剧深刻的社会性。这就是历史的经验教训!

"半个女人"治天下——明朝宦官概述

"干儿义子拜盈门,妙语流传最断魂。强欲为儿无那老,将须自叹不如孙。"这是近人岳鸿举写的一首诗。说的是明末天启年间臭名昭著的宦官魏忠贤把持朝政，百官中的一些宵小，拜倒在其名下，充当干儿。时已老态龙钟的礼部尚书顾秉谦，捋着长须对魏忠贤说："本来想当你的儿子，可惜我的胡子已经白了。"于是让他的儿子认魏忠贤是爷爷，魏忠贤心花怒放，赏给他纹银二百两。这是晚明政治史上的一幕小小的丑剧，但是，透过这幕丑剧，我们不难看出，魏忠贤之流的宦官掌权时，政治上是何等的乌烟瘴气。

明太祖朱元璋坐上大明王朝的第一把交椅后，大权独揽，对宦官做了种种限制，明确规定宦官不得兼外臣文武衔，不得穿戴外臣衣服、帽子，官阶不得超过四品，政府各部门不得与宦官公文往来，等等。朱元璋还特地在一块铁牌上刻内臣不得干预政事，干预者杀头这样的文字，以示震慑。洪武四年（1371）五月，有个宦官因久侍内廷，仗着老资格，议论政事，结果当天就被朱元璋打发回老家，下令终身永不叙用。

但是，宦官的发展，是不以朱元璋的个人意志为转移的。宦官是高度集权的封建专制主义的产物，只要封建专制主义存在，皇帝继续搞个人独裁的寡头政治，迟早会走上重用宦官、使刑余之人干政的道路。朱元璋正是这样，特别是当他废除了中书省和丞相制后，成为空前——当然不是绝后——的封建专制独裁者，对功臣宿将包括自己的亲侄子与外甥都心怀疑忌，必欲一网打尽、斩尽杀绝而后快。这样，以朝夕与共的宦官为心腹，则显然是意料中事。如果说，洪武初年，朱元璋对宦官严加防范，宦官主要服务于宫廷生活，其活动很难越出森严的宫墙之外，那么，在朱元璋执政的中后期，特别是在他的晚年，宦官就又重新走上政治舞台，扮演着各类干预国家大事的角色了。如洪武八年（1375）五月，朱元璋派宦官赵成往河州买马。朱元璋知

51

道"西番"向来产马,曾派人去买,但因使用的货币不同,买到的马很少。这次,他让赵成带了很多罗绮绫帛及四川的茶叶去换马,并命令河州守将对番人善加抚慰,买到的马逐渐多起来。洪武十年(1377)三月,户部奏请派宦官、国子生及委官各一人,到各地核实税额,朱元璋同意。这是宦官参与税务的明证。洪武十六年(1383)九月,奉旨去琉球买马的宦官梁珉返京,共买马983匹。洪武二十五年(1392)二月,朱元璋派尚膳太监而聂、司礼太监庆童到陕西、河州等卫,向所属番族宣谕,命令他们卖马,给以茶叶。结果,这次得马10 340余匹,交换出去的茶叶达30余万斤。这些马后来被分配给河南、山西、陕西卫所的骑士。这些都清楚地表明,早在洪武中,宦官便已被委以重任,如到边疆从事对明代国防至关紧要的茶马贸易。

不仅如此,宦官还不断被朱元璋派为特使,参与国内、国外的一些重大政治活动。如:洪武十二年(1379)三月,朱元璋派宦官陈景及校尉,向靖江王朱守谦宣读谕旨,告诫他其父朱文正当年在江西横行不法,犯下种种罪行,要他"再休与一个小人闲戏",致蹈乃父覆辙,并当场逮捕了朱守谦身边一些为非作歹的人。洪武二十六年(1393)二月,发生蓝玉谋反大案,三月,朱元璋派宦官而聂与驸马梅殷去山西,传旨晋王朱棡:"说与王,把那三个侯砍碎了,家人、火者、成丁男子都砍了。家财头口交与王府。妇女,王府差内使起解。钦此。"由此可见,宦官已经参与了多么重大的政治机密!至于让宦官漂洋过海,奉使外国,成了外交上的要人,更是屡见不鲜。早在洪武二年(1369)四月,即派宦官送高丽流寓之人归国;洪武十一年(1378)正月,派宦官陈能至安南国吊祭国王陈煓之丧;洪武十六年(1383)正月,派宦官梁民等人至琉球国,赐给中山王察度镀金银印;洪武二十八年

(1395)十二月,派宦官赵达、朱福等使暹罗斛国,祭奠已故国王,并赐给新登大宝的国王文绮四匹,以示祝贺。如此等等,都明确记载于《明太祖实录》中,是毋庸置疑的事实。这些都清楚地表明,在宦官问题上,打破朱元璋种种禁令的不是别人,正是朱元璋自己。唯其如此,洪武时期宦官的人数明显增多。洪武十五年(1382)十月,一次便"增设内使三百六十人",而洪武二十四年(1391),竟向高丽国要阉人达两百名之多,安南国也不断向朱元璋进贡阉人,每次动辄几十人,总数虽无确切数字可查,但为数肯定相当可观。朱元璋还曾亲笔谕安南国王,指出他不允许安南进贡的阉宦回国的做法是错误的,提出"今后凡有省亲怀旧欲归者",应当允许他们回安南。也正因为宦官人数日益增多,需要加强管理,洪武十七年(1384),朱元璋才特地更定内官诸监库局品职,设下九监、二库、六局,即:内官监、神宫监、尚宝监、尚衣监、尚膳监、司设监、司礼监、御马监、直殿监;内承运库、司钥库;巾帽局、针工局、织染局、颜料局、司苑局、司牧局;另设宫门承制等官。这就为后来管理宦官的庞大机构二十四衙门——十二监、四司、八局,奠定了基础。

明成祖朱棣时,宦官愈益受到重用,权势越来越大。洪武时期的宦官虽已干政,但尚未专权,而永乐时期,宦官的地位越来越高,逐步开始专权。

这是有深刻的历史背景的。朱棣起兵从亲侄儿建文帝手中夺权,按当时的标准是犯上作乱,属于谋逆性质,要想取得成功,就必须窃取朝廷的种种机密,当时建文帝身边的一些宦官,恰恰充当了朱棣的走卒。这就是史料所载的朱棣起兵,"刺探宫中事,多以建文帝左右为耳目",而朱棣自己的宦官如狗儿等,在"靖难"之役中,更是出生入死,在战场上立下大功,成了朱棣的

53

开国功臣。因此,朱棣当上皇帝后,对宦官的态度比起乃父朱元璋,不但继承衣钵,更加"多所委任"。首先,在名称上让宦官高升一步,使他们顿时风光了起来。原来,历史上宦官的职务,秦有中车府令,汉唐时沿袭不变,至于中谒者、中常侍、中尉之类,都是以中字名宦官。而明代洪武初年,只以监正、监副、监丞名门正、门副之类,永乐初年,始改监正曰太监。这就是说,宦官由"中"字一跃而跻身为"太"字辈了。而以前只是皇帝的亲属才能与"太"字沾边。永乐三年(1405),太监郑和率领庞大的船队下西洋;永乐八年(1410),都督谭青营内文派有内官王安等人,从而开了宦官监军的先例;又命宦官马靖镇守甘肃,从而为宦官分镇地方开了先例;更严重的是,永乐十八年(1420),置东厂,令宦官刺探臣民隐事,这就为宦官的特务活动开了方便之门。

永乐年间宦官插手经济领域的影响力,更是洪武时期所不能比拟的。洪武年间,在苏州天心桥东建织造局,着地方官督造。而到永乐时,督造者便由宦官充任,萧月、阮礼都担任过苏、杭织造,从此"祖制始变"。本来那种织造归地方官管理,"民不抗也"的局面,一去不复返。永乐时,宦官还至西北地区索买驼骵,加重了百姓的负担。永乐元年(1403),"命内臣齐喜提督广东市舶"。这样,宦官便掌握了市舶大权。宦官手中的权力既已越来越大,横行不法便接踵而至,假传圣旨屡有发生。永乐五年(1407),内使李进在山西以采天花为名,诈传诏旨,假公营私,致使朱棣派御史往山西鞫问李进。永乐二十二年(1424)十月,内宫马骐伪传旨谕翰林院出敕,再次往交趾闸办金银珠香。朱棣得知后大怒。有个大宦官到苏州织染局上任,下车伊始,便借故制造冤狱,致使八九名无辜百姓在囚室活活饿死。

宣德年间,皇帝不断派出宦官到各地采办,如苏州一处就经

弘治皇帝敕谕御马监太监邓原碑(碑在福建漳浦县溪东村
福寿院旧址。照片是漳浦县文化馆王文径先生摄。)

常有五六个宦官坐镇,其中,罗太监待的时间更长,盘剥百姓尤
甚。有的太监备受恩宠,如司礼监太监金英、范弘,均在宣德七
年(1432)被赐以免死诏。给范弘的诏书中,有谓:"免尔死罪于
将来,着朕至意于久远。"御用监太监王瑾,宣德四年(1429)时,
明宣宗朱瞻基曾挖空心思,用回文诗体,做了一首题曰《偶成》
的诗送给他。其后,又赐给他银记四块,上面刻的字是"忠肝义
胆""金貂贵客""忠诚自励""心迹双清"。当然,比较而言,朱
瞻基在明朝皇帝中,头脑还算是清醒的,宣德四年(1429)十二
月,他下令召还采办中官。这是因为山东泰安州税课局大使郝
智上疏,揭发京师派出的宦官采天麻、野味,"民被虐害,兼妨农

务",朱瞻基遂下令"悉召还治之,自今更不许辄遣人"。宣德六年(1431)十二月,朱瞻基还下令处死指使内使阮巨队等在广东"以采办为名,虐取军民财物"的内官袁琦,用的是凌迟这一极刑。次年正月,他还敕谕南京、应天等府,今后"凡出差内官内使,其寄附赃物在官员人等之家,许令出首归官,与免本罪。若隐匿不首,事发,与犯人罪同"。因此,宣德时期,宦官虽受宠,但还不敢太放肆,故未形成专权的局面。

这是明初宦官的大致情形。到了明中叶,也就是从成化至万历时期,宦官的情况比起明初来,就大不相同了:把持国柄,专权误国,横行无忌,已是愈演愈烈。

英宗朱祁镇登上九五之尊时,是个年仅九岁的娃娃。太皇太后张氏委托著名的元老三杨——内阁大学士杨荣、杨溥、杨士奇辅政。三老德高望重,大权在握,宦官畏惧,尚不敢张牙舞爪。但随着张氏、杨荣先后去世,杨溥、杨士奇年老势孤,英宗年少无知,荒嬉无度,不理朝政,司礼太监王振便逐渐大权独揽。这是明朝皇权转移到宦官手中的开始。宪宗成化年间,宦官汪直也是势焰熏天。到了武宗正德时,宦官刘瑾的专权又超过了王振、汪直,大肆乱政,对明王朝造成严重的祸害。

明末,更产生了魏忠贤这个中国历史上罕见的、被称为"九千九百岁"的大宦官。由于他把持国柄,倒行逆施,加剧了各种社会矛盾,实际上已给明王朝敲起了丧钟。

明朝宦官这支队伍,在洪武时期还只有数百人,到了明末竟发展成尾大不掉的数万之众。明宪宗朱见深时,右副都御史彭韶在奏疏中说,"监局内臣,数以万计",可见成化年间,宦官已达万人。在孝宗朱佑樘、武宗朱厚照时,不断有人在奏疏中忧心忡忡地指出,"内府二十四监局及在外管事者并有常员。近年诸

明世宗《入跸图》中随侍宦官

监局金书者多至百数十人"。神宗朱翊钧时,仅万历元年
(1573)到万历六年(1578)的六年间,两次新增加的宦官便有六
千多人。到崇祯皇帝朱由检亡国之际,史载"中珰七万人皆喧哗
走"。有首诗更记此事说:"授兵十万上谯楼,可是文皇靖难收。
只费杜勋三四语,尽从濠内一时投。"这里所说的"授兵十万",
指的是十万净军,也就是由宦官组成的武装队伍。清朝初年康
熙皇帝根据他向明朝老太监了解到的情况,说明朝"宫女九千
人,内监至十万人"。说明末宦官有十万之众,这个数字难免有
夸大之嫌,但说有数万人——譬如说三五万人,应当是确实可
信的。

宦官既有如此之多,管理宦官的机构,便必然叠床架屋,十
分庞大。仅从宦官二十四衙门的情况看来,就够使人眼花缭乱
了。所谓二十四衙门,是指十二监、四司、八局的总称。

明代彩塑宦官(故宫博物院藏)　　　明代彩塑宦官像(故宫博物院藏)

十二监是：

司礼监。设提督太监一员,掌印太监一员,秉笔太监、随堂太监八九员或四五员。负责掌理内外奏章,照阁票批朱等,监督、管理皇城内的出籍、内书堂、仪礼、刑法、关防门禁。

内官监。设掌印太监一员。掌管国家营造宫室、陵墓,及经办妆奁器用等事。

御用监。设掌印太监一员、里外监把总二员。负责造办皇帝所用之物。

司设监。设掌印太监一员。掌管仪仗队等。

御马监。设掌印太监一员、监督太监一员、提督太监一员。掌管御厩等事。

神宫监。设掌印太监一员。负责太庙各庙洒扫及管理香、灯等事。

尚膳监。设掌印太监一员、提督光禄太监一员、总理太监一员。掌管御膳及宫内食用等事。

尚宝监。设掌印太监一员。掌管宝玺、敕符、将军印信。

印绶监。设掌印太监一员。掌管古今通集库,以及铁券、诰敕、贴黄、印信、勘合、符验、信符等事。

直殿监。设掌印太监一员。负责各殿及廊庑的打扫。

尚衣监。设掌印太监一员。掌管皇帝的衣帽鞋袜。

都知监。设掌印太监一员。本来负责各监行移、关知、勘合等事,后来专门跟随皇帝大驾,负责开路清道,禁止他人通行。

四司是:

惜薪司。设掌印太监一员。掌管薪、炭。

钟鼓司。设掌印太监一员。负责皇帝上朝时鸣钟击鼓,以及演出内乐、传奇、过锦、打稻等杂戏。

宝钞司。设掌印太监一员。掌管粗细草纸。

混堂司。管理浴室。

八局是:

兵仗局。设掌印太监一员、提督军器库太监一员。负责制造军器,火药司属于此局。

银作局。设掌印太监一员。负责打造金银器饰。

浣衣局。设掌印太监一员。凡宫人年老及有罪退废者,均发往此局居住,直至老死,以防泄漏宫中之事。该局设在皇城外,德胜门以西。

巾帽局。设掌印太监一员。掌管宫中内使帽、靴,驸马冠、靴,以及藩王之国诸旗尉帽、靴。

针工局。设掌印太监一员。负责制作宫中衣服。

内织染局。设掌印太监一员。掌管染造御用及宫内应用缎匹。

酒醋面局。设掌印太监一员。掌管宫内食用酒、醋、糖、酱、面、豆等物。

司苑局。设掌印太监一员。掌管蔬菜瓜果。

需要指出的是,除了二十四衙门外,宦官还掌管了内府供用库、司钥库、承运库、广盈库、广惠库、广积库、赃罚库,以及甲、乙、丙、丁、戊字等十库和一些房、作、厂。明成祖永乐十八年(1420),更设立东厂,宪宗成化十二年(1476)又设立西厂,大约武宗正德三年(1508),复设立内行厂,负责对臣民侦察、监视、逮捕、刑狱。不仅如此,还设立了提督京营太监,并派出宦官在南京天寿山、湖广、承天府、凤阳担任守备,负责南京、苏州、杭州三地的织造,担任各省要地的镇守,管理广东、福建、浙江三地市舶司,监督各地仓、场,同时,还不断派出宦官去监军,担任采办、粮税、矿税、关隘等特使。可以毫不夸张地说,有明一代,特别是自明朝中叶以后,宦官自成体系,俨然成为中央政府中的政府,把手伸向四面八方,像蚂蚁一样爬满从中央王朝到地方重要权力机构的大小山头。

宦官的蔓延、横行,给明王朝社会生活的各个方面带来严重影响。

政治上,强化了封建专制主义,导致各种社会矛盾日趋剧化。

东、西厂完全是个特务机关,直接受皇帝指挥,普天之下,除了皇帝一人外,任何人都处在它的侦察之中。宪宗成化年间宦官头子汪直执掌西厂,派出的特务在侦察时,"烦密苛细,民间斗骂,纵犬争鸡,并痛捶责"。如果谁犯了这些根本算不上是罪过

明末宦官刘若愚著《酌中志》,是研究明代宦官史的重要史料

的所谓罪过,就要"封闭其家,或夜搜之",连妻室儿女都被剥光
衣服,毒打一顿。对于宦官的横行不法,百姓如果稍有不满,议
论一下,便会大祸临头,甚至惨遭杀害。有一次,有四个人夜饮
密室,其中一人吃饱老酒后,大骂魏忠贤,其他三人吓得都不敢
出声。还没骂完,番子——东厂及锦衣卫派出的特务,便突然出
现,将四人逮捕,交给魏忠贤,骂魏忠贤的人马上被剥皮、碎割,
其余三人吓得"魄丧不敢动"。真是特务多如牛毛,侦察无所不
到。据当时人记载,魏忠贤派出的心腹、爪牙"遍布寰宇,充塞京
师"。京中各衙门的皂吏衙役,唱戏、卖小曲的,还有厨师、裁缝、
篦头、修脚师傅等等,都受到魏忠贤的重赏而充当耳目。所以很
隐秘的一些事,如写一份状词、一封书信及小范围的密谈,往往
都被密报给魏忠贤,有谁要是触犯了魏忠贤的忌讳,立刻就会被
处死,连尸体都找不到。这种高压政策造成的恐怖气氛,弄得人

分
说

61

顾宪成像（无锡博物馆藏）

人自危。即使住在很偏僻地方的人，也感到无名的恐惧，几近窒息。直到魏忠贤伏诛后，仍"思之令人毛骨犹悚"！凡此种种，都表明宦官的逞凶肆虐，使明代封建专制主义的枷锁更紧地套在人民的身上，加剧了封建统治者与人民的矛盾。

宦官专权，同时也激化了统治阶级内部的明争暗斗，阉党、东林党之争，沸沸扬扬，直至明亡。

阉党与东林党的斗争，是地主阶级内部不同政治派别的斗争。但是，以江南著名知识分子顾宪成、高攀龙等为代表的东林党，其中有不少人是当时的有识之士，他们从巩固地主阶级的长远

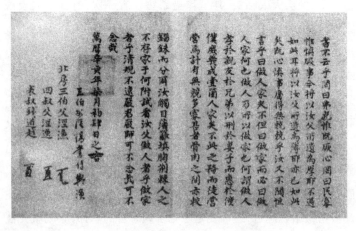

顾宪成遗墨真迹（无锡博物馆藏）

高攀龙像（无锡博物馆藏）

利益出发,忧国忧民,主张调整地主阶级和农民阶级之间的关系,整饬吏治,坚决抵御后金的侵扰,毕竟要比阉党好得多。不过,东林党中也颇有依附草木的小人,他们的门户之见也是很深的。魏忠贤秉政后,两党之争几乎达到白热化的程度。一大批在天启初年"废斥殆尽"的官僚政客,重新聚集到魏忠贤的名下,企图卷土重来。当御史李应升、给事中霍守典等人上疏抨击魏忠贤,特别是副都御史杨涟揭发魏忠贤二十四条大罪后,"忠贤愤甚,欲尽杀异己者"。阉党崔呈秀、王绍徽、阮大铖等炮制《天鉴录》《同志录》《点将录》等,将东林人士悉数列入,献给魏忠贤,让他按图索骥,统统打下去。结果,朝臣中的东林人士被罢斥一空,不少人更惨遭杀害。这样一来,"忠贤之党遍津要矣"。阉党对东林党人打击、迫害的手段,是十分残酷的。被时人称为"六君子"的杨涟、左光斗、顾大中、袁化中、周朝瑞、顾大

63

章,被诬以受熊廷弼贿赂的罪名,入狱后被勒令追赃,受尽酷刑。杨涟在狱中死得更惨,体无完肤。杨涟、魏大中、左光斗的尸体从诏狱后的小门中运出时,已腐烂不堪,真是惨绝人寰。当然,东林党人是不会就此灰飞烟灭的。作为一派政治力量的代表,自然有它的社会基础。天启皇帝一死,崇祯皇帝上台,东林党的潜在力量又活跃起来,极力想如法炮制,把阉党及与阉党有关系的人,统统一网打尽。两派政治力量继续较量着,一直闹到明朝灭亡,在南明弘光小朝廷仍流波不息,重开内战。梁启超曾经慨乎言之:当他们"吵得乌烟瘴气的时候,张献忠、李自成已经把杀人刀磨得飞快,准备着把千千万万人砍头破肚;满洲人已经把许多降将收了过去,准备着看风头捡便宜货入主中原,结果几十年门户党派之争,闹到明朝亡了一齐拉倒"。这里,虽然梁启超对明末农民军是敌视、丑化的,但对两党相争的后果,却叙述得颇为形象。

经济上,横征暴敛,使社会经济遭受严重摧残。

宦官管理皇庄,假托威势,逼勒小民,致使很多百姓"荡家鬻产,儿女怨声动地,逃移满路""民心伤痛入骨",还侵夺民田,仅谷大用一人即占民田万余顷,刘瑾修理庄田,不仅侵占不少公、私土地,还毁掉官民房屋三千九百余间,挖掉民间坟墓两千七百多座。

遍设税监,大肆搜刮。如京师九门的税务都由宦官把持,每门坐镇宦官多达十余人,轮收钱钞,行旅苦之。

提督市舶司,控制海外贸易,贪污中饱。如宪宗成化初年,宁波市舶司宦官福住,极为"贪恣";尔后在广东的宦官韦眷,在市舶司任内更是"聚珍甚富"。

勒索贡品,民不聊生。如武宗正德初年,浙江镇守太监王堂、提督市舶司太监崔瑶等人,对富阳县的茶叶、鲥鱼两种贡品,百般勒索,"采取时民不胜其劳扰"。

派至各地的矿监的疯狂掠夺,对社会经济更是罕见的浩劫。大规模派遣矿监,始于神宗万历二十四年(1596)。派宦官负责某些矿的开采,明成祖朱棣时已经开始。如太监王彦主持开黑山金矿,拉了六千人,开了三个月,"止得金八两";后来宪宗成化年间,开湖广金场,武陵等十二县共二十一场,岁役夫五十五万,死了无数人,"得金仅三十五两"。这不过是宦官借开矿之名,营私舞弊,劳民伤财而已。明神宗朱翊钧更是个贪财好货、嗜钱如命的皇帝。户科给事中田大益曾忍无可忍地批评他"以金钱珠玉为命脉"。他派出的矿监遍及天下。其实,"求矿不必穴",有些地方根本无矿,不过是趁机敲诈勒索而已。实际上,十之八九都被宦官中饱私囊,他们的腰包,简直要撑破了。社会经济日益凋敝,阶级矛盾也就更趋激化。矿使以及税监在天下横行的结果是到处"鼎沸同煎,无一片安乐之地。贫富尽倾,农桑交困""三家之村,鸡犬悉尽;五都之市,丝粟皆空"。仇恨的种子在人民的心中发芽,反抗的烈火不断在各地燃烧。

军事上,宦官监军,加速了军队的腐败,边防大为削弱,动摇了明王朝的统治。

宦官监军始于何时,史籍上记载不一,有待深入研究。但早在洪武九年(1376),朱元璋就曾经派宦官赵成赴军中监视、侦察。朱棣当了皇帝后,更派了宦官王安、王彦之等人监军。到了英宗正统年间,宦官任监军的名义,正式出现。史载正统二年(1437),甘肃驻军在讨伐阿台、朵儿只伯时,即派出太监王贵监军。此后,每次军事行动,都派出宦官监军。正统初年,宦官吴诚、曹吉祥、刘永诚等还直接统帅军队。不难想见,让那些不学无术、对军事一窍不通的家伙率领军队,不打败仗,那才是不可思议。英宗朱祁镇让司礼太监王振统军,讨伐也先,造成当时震惊中外的"土木之变",便是典型。正统十四年(1449)七月十六日,朱祁镇在王振怂恿下,决定"亲征"也先(亦称乜先,瓦刺部,这时他已在实际上统治蒙古各部)。"命下,二日即行",仓促率领五十万大军迎战,数战皆败,八月十五日退至土木堡,"也先人马四围,大战,大军倒戈,自相蹂践。虏寇大肆杀戮,邀留上驾"。所谓"邀留",是为尊者讳的说法。实际上,朱祁镇当了俘虏。随行的数百名文武官员,有的被杀,有的成了阶下囚。五十万大军土崩瓦解。宦官监军,直至明末。侯方域曾写诗一首,对崇祯时期宦官的监军,做了委婉的嘲讽:"轸念苍生甚,恭承禁旅遥。貂珰亲节制,号令出云霄。敢谓明威远,或传将士骄。数曾城上见,未可达王朝。"以崇祯朝而论,京畿卫戍之权、监督军队之权,统统交付宦官。结果,这批宦官"挟势恣肆",掣肘将领,侵蚀军饷,避敌殃民,谎报军情,冒功请赏……无所不用其极。更荒谬的是,天启时魏忠贤"选京师净身者四万人,号曰净军"。崇祯末年,更大为发展,让他们守城。最后,李自成进京时一声炮响,这支庞大的不男不女的特种武装,立即作鸟兽散。这不能不说是中国封建专制主义史上的一幕滑稽剧!

明朝的宦官为什么这样猖獗?答案只能从明朝高度发展的极端专制主义的君权中去寻找。

明太祖朱元璋采取了一系列加强中央集权的措施。在君主专制时代,特别是在封建社会后期的明清时期,所谓集权于中央,实际上不过是集天下大权于皇帝一人,由他高踞于封建等级制金字塔的顶端而已。出身贫苦,在元末农民战争的刀丛、血泊中滚过来的朱元璋,在刚登大宝时,鉴于元朝亡天下的教训,还

66

能注意"人安为宝",派人晨昏"画角吹难",提醒臣民"为君难,为臣又难""创业难,守成又难",甚至还微服私访,体察民情。但是,等到天下坐稳,特别是在各地小股农民起义均被镇压、宰相制度被废除、功臣宿将几乎全部被剪除后,便深居简出,重温历代君主千年帝业的酣梦。不难想象,在朱元璋心目中,连徐达、李文忠、刘基、朱升等等一大批曾经跟他一起赴汤蹈火的元勋尚不可信,还有什么人值得信赖?久而久之,便必然形成这种局面:谁跟他接近最多,便最受信任。享有这个"得帝独厚"机会的,当然只有宦官。因此,尽管在开国之初,朱元璋三令五申,不得重用宦官,但头一个做不到的,正是他自己。从这样一件事上,我们不难窥知其中消息:朱元璋的外甥李文忠,喜欢结交儒生,礼贤下士,家中有不少门客。有一天,文忠对朱元璋说:"内臣太多,宜稍裁省。"朱元璋听了大怒,说:你想削弱我的羽翼,什么目的?一定是门客教你的,遂把文忠门客都杀了。"文忠惊悸,得疾暴卒。"(按:李文忠并非"得疾暴卒",乃为朱元璋毒死。见潘柽章《国史考异》卷二。)此时此地,朱元璋已把宦官作为自己不可缺少的"羽翼",宦官的地位,也就可见一斑。此例一开,在朱元璋的儿孙们看来,重用宦官,当然就是信乎有证,不悖祖训了。

明代皇权大肆膨胀的另一个结果是,皇帝被进一步神化,所谓"每日清晨一炷香,谢天谢地谢君王。太平气象家家乐,都是皇恩不可量"。差不多至迟从晚明开始,以神化皇帝、崇尚君权为核心的"天地君亲师"的神牌,在千家万户供奉起来。皇帝被神化,只能导致君臣隔阂,到宪宗、孝宗时,皇帝与大臣"竟以面对为可怪,一逢召对,遂有手足茫茫之感"。最典型的例子是,宪宗成化七年(1471),有次召见时,内容仅为群臣"皆同声呼万岁,叩头"而已。明中叶后,某些大臣陛见时,简直如坐针毡,如履薄冰。神宗皇帝有次召见方德清、吴崇仁二相,商议张差闯宫的案件,方德清只知连连叩头,吴崇仁"则口噤不复出声,及上怒……崇仁惊怖",竟然吓得昏死过去。这种极不正常的政治局面,遂使皇帝将宦官倚为心腹,为阉人专权大开方便之门。

历代封建王朝都逃不出这条规律:随着政治局面的稳定,生产力的发展,物质财富的增多,作为全国地主阶级总头子的皇帝,消费欲越来越大。因此,几乎每一个王朝中叶的帝王,无不以比起乃祖乃宗不知要大多少倍的胃口,肆意追求消费,吮吸民脂民膏,力图穷极人间天上最骄奢淫逸的享乐生活。明王朝也不例外。明中叶后的皇帝,特别是武宗朱厚照、神宗朱翊钧、熹宗朱由校,更是醉生梦死,荒淫无耻。以朱翊钧而论,成天耽于酒、色、财、气,"二十年间,郊庙、朝讲、召对、面议俱废"。既然二十年不坐朝,也不召见大臣,那么,必须由"宸躬独断"。国家大事由身不离左右的宦官代为料理,也就势必不可避免。久而久之,"乃称肺腑矣",宦官投帝所好,手中的权力越来越大。稽诸史籍,真是历历可数:朱厚照喜欢喝酒,宦官便不时进酒,让他不问朝政。刘瑾每次奏事,专挑皇帝被杂伎逗得乐不可支的时候,这样,他一奏事,皇帝便说:你干什么,这样麻烦我?因此,刘瑾便趁机自作主张,处理大事。魏忠贤奏事,则选择天启皇帝朱由校"引绳削墨",摆弄木工工具,玩得最起劲的时候。这一来,形同顽童的朱由校,便十分讨厌,说:我已知道了,你们好好干吧。唯其如此,明中叶后司礼监的宦官才掌握了"照阁票批朱"的大权,使司礼秉笔太监的权力"居内阁上","而相权转归之寺人(按:指宦官)",内阁大权旁落,无所作为。"国朝文武大臣见王振而跪者十之五,见汪直而跪者十之三,见刘瑾而跪者十之八",真是荒唐。宪宗时,人们嘲笑"纸糊三阁老,泥塑六尚书"。

其实,这些阁老、尚书,并非都是草包,关键在于他们手中的权力已被转移到宦官手中。

但是,不管宦官的权力有多大,他毕竟不过是代行皇帝手中的权力,或者说是皇权的一种特殊使用形式而已。如果没有皇帝的圣旨作为后盾,或者假传圣旨,也就是"矫旨"行事,拉着皇帝的大旗作虎皮,出身流氓、无赖的魏忠贤之流,即使再狡猾,威福也是做不到宫门之外的。因此,宦官得势时,可以搞乱天下,但他们自己的命运,完全操在皇帝的股掌之间。皇帝一旦发现宦官走狗不走、需要另换走狗,或者觉察到他们有野心并构成对皇权的威胁时,一翻脸,一挥手,这些宦官便立即从权力的顶峰上掉下来,跌个粉身碎骨。王世贞说得好:"即狼戾如(王)振、(刘)瑾者,(皇帝)一颦(按:即皱眉头)而忧,再颦而危,片纸中夜下而晨就缚,左右无不鸟散兽窜,是以能为乱而不能为变也。""不能为变"就是不能发动政变,推翻皇帝。以刘瑾而论,虽被军民称为"站的皇帝",权倾朝野,威风赫赫,但最后武宗一翻脸,刘瑾就被凌迟处死。这就是宦官的下场!透过刘瑾被杀千刀时以及刘瑾、魏忠贤之流屠戮臣民时的阵阵血腥气,我们可以清楚地看出,宦官专权的祸首,是皇权,是浸透封建专制主义毒液的皇帝制度。

但是,"一瑾死,百瑾生"。只要封建专制主义存在,皇帝制度依旧,宦官得以孳生的条件便继续存在。因此,杀了刘瑾,曾几何时,又出了个魏忠贤,其作恶时间之长、危害之大,都超过了刘瑾。等到天启皇帝一死,崇祯皇帝上台后猛砍三斧头,除掉魏忠贤,并将与魏忠贤狼狈为奸的阉党管家婆客氏鞭死,焚尸扬灰。但曾几何时,崇祯帝对宦官的信任,又超过了乃兄、乃父、乃祖,直到李自成的农民军打进北京城时,还与跟他形影不离的司礼秉笔太监王承恩相对无言,一起吊死于煤山。这就充分表明,宦官专权是封建专制主义制度下无法根除的积弊,中国地主阶级发展到明朝,已进入没落、腐朽的历史阶段,绝不可能凭借自身的力量来铲除这种积弊。

汪洋大海上的政治风云——郑和"七下西洋"与海权体系

(一) 明朝以前中国的对外贸易

先秦时期,中国人对海洋的认识,大体上处于与《山海经》相当的水平,或借用唐朝大诗人白居易《长恨歌》中的一句诗来形容,"忽闻海上有仙山,山在虚无缥缈间"。诚然,甲骨文中有"舟"字,而且商代有了像样的造船技术,据殷商史专家研究,"商时河中已有船队"。战国时在沿海一带,有海上渔业活动,并以船运送军队,从苏州下海,可抵山东,从浙东下海,可至淮上。但先秦时期中国没有海外贸易活动。

汉代史籍证明,早在汉武帝时,中国船队从广州湾出发,经南中国海,航抵南洋各国。《汉书·地理志》论南粤地理形势,述及从徐闻、合浦等地,船行五月到都元国;继续航行,到谌离国、夫甘都卢国、黄支国;最远可抵已程不国。大体上,这是从今天的广州湾沿岸港口至印度半岛南部之航路。但上述地名,今人至今仍不能全部考订出其确切位置。当时的贸易是为皇家服务的。官方用黄金、杂缯从海外买回珍珠、琉璃、各种奇珍异宝。至唐代,海上贸易有了长足发展,设有司舶使专司其职。但唐代文献,对其职司情形,并无明确记载,从宋代史料来看,司舶使主要是征收进出口税,并查禁违碍物品,管理香料等官方专卖品。司舶使是海外贸易兴盛的表现。此时,我国商船已能远航到阿曼湾和波斯湾一带。宋代,西北地区很不安定,少数民族割据政权与宋朝及少数民族政权之间,战争不断,传统的通往西域的陆路交通线严重受阻,使宋朝政府不得不更加重视海外交通。北宋灭亡,南宋政权地近大海,海外贸易繁盛一时,市舶税收占全国财政总收入的百分之二十,"经费困乏,一切倚办海舶"。元朝建立后,依靠其雷霆万钧的大帝国声威,使波斯湾地区大部分成为元朝的宗藩之国——伊利汗国的领土。因此,至该地贸易,远比过去方便。元代后期汪大渊著《岛夷志略》,乃亲身随商船游历东西洋的记录,其中,提及地名两百多个,最远处到达阿拉伯半岛和非洲东岸的层摇罗(桑给巴尔)等地。事实上,后来随郑和下西洋的费信所著《星槎胜览》,"半采汪大渊《岛夷志略》之文"。马欢的《瀛涯胜览》也多次引用《岛夷志略》。甚至"记录郑和航行所历地名最详之《郑和航图》,有许多已见于《岛夷志略》和其他元代史料"。还须指出的是,早在六十多年前,童书业先生已注意到,"元世祖亦尝屡遣使下南洋矣",并列举世祖至元八年(1271)、十年(1273)、十六年(1279)、十七年(1280)、二十三年(1286)遣使至缅甸、占城等"海外诸番国"。显然,唐宋以来的航海经验,特别是元代的航海成就,其中包括多次下南洋,为郑和"七下西洋"奠定了基础。但是,上述这些海外贸易活动,都是以皇权为主宰的官方贸易,是为皇家及贵族服务的。在政治上,是为了扩大"天子"的影响,"羁縻"海外诸国;在经济上,是为了采购奇珍异宝,满足统治集团日益膨胀的奢侈消费欲。因此,当时的国人,从上到下,没有也不可能有海权观念。严禁私人下海贸易的国策,总体上并无变化。

(二)朱棣制造的政治泡沫

早在一百年前梁启超在《郑和传》中曾感叹:"哥伦布以

明成祖朱棣像（故宫博物院藏）

后，有无量数之哥伦布，韦嘉达哥马（按：即达伽马）以后有无量数之韦嘉达哥马，而我则郑和以后，竟无第二之郑和。噫嘻，此岂郑君之罪也！"郑和"七下西洋"，何以后继无人？这是因为郑和的下西洋，完全是大明帝国握有至高无上权力的皇帝朱棣一手制造的政治泡沫，从其动机与效果上，注定了下西洋只能是昙花一现。

　　朱棣派郑和下西洋的动机，必须从朱棣其人其事综合地去观察、分析。皇权制度的核心是皇权神圣，不可分割、让渡，嫡长子继承制不容改变。朱棣从其侄朱允炆手中夺权，在古代，完全是谋反、篡夺，大逆不道，为人所不齿。这种负罪心态，导致他采取一系列措施，力图改变自己的形象，把自己塑造成合法继位者，如捏造史实，说自己是马皇后所生。其实朱棣的生母是硕妃。20 世纪 30 年代，史学界为此曾展开讨论，发表论文多篇。

明代李清的《三垣笔记》、清初潘柽章《国史考异》，均明确记载明孝陵神位，左乃淑妃李氏，生懿文太子、秦愍王、晋恭王；右乃硕妃，生明成祖朱棣。永乐中，朱棣将建文帝时修的《太祖实录》修改两次，伪造自己乃马皇后所生。而且迁都北京后，太庙中一帝只有一后，继后及列帝生母皆不配享，以便抹杀生母，不留痕迹。

朱元璋在去世前的一个多月，头脑尚清醒时，已预感到朱棣拥兵自重，可能要闹事，故密谕晋王，"临阵时，领着在燕王右手里行"。干什么？无非关键时可以剪除燕王。又如明清史大家孟森前辈考订，建文帝确实已逃出宫廷，朱棣却认定两具尸体是他和皇后的，予以下葬，并假惺惺地说自己本来是欲效法历史上的先例，辅佐他的。但他深知建文帝未死，并怀疑是建文帝主录僧溥洽策划让他扮作僧人逃走而逃亡海外，故朱棣将溥洽系狱十余年。又如为加强自己的统治，消灭建文帝的政治势力，除大开杀戒，对建文帝重臣株连九族外，更恢复明太祖明令永废不用的锦衣卫、镇抚司狱，在永乐十八年（1420）又设立特务机构东厂，实行国家恐怖主义。厂卫的横行，在全国上下形成告密的坏风气，弄得人人自危，政治秩序完全被扭曲。此外，有明一代，甚至到清初，江南一带百姓始终怀念建文帝。这也是朱棣的一块心病，建文帝活着，对他是个莫大的政治威胁。这是因为，建文帝以文建国，比起乃祖朱元璋的严刑峻法，形成鲜明的对比。因此，朱棣派郑和"下西洋"的主要动机，是寻找建文帝下落，应该是可信的。唯其如此，在他去世前不久，确信建文帝不管逃到哪里，已属"死老虎"，不再对他构成威胁，永乐江山已坚如磐石，才宽下心来，将溥洽释放。当然，与此关联的是，朱棣派郑和下西洋的另一个重要目的，是宣扬国威，表明建文帝已经"流水落花春去也"，自己才是天朝的天子,要海外诸国赶紧"万方来朝"。

经过明初的休养生息,至永乐时,明王朝的国力比较强盛,但财政状况并不理想。已故明代经济史专家梁方仲先生对《明实录》的相关记载做过统计,从洪武二十三年(1390)至成化二十二年(1486),明朝生产的白银总量共约三千万两以上,但拨给郑和下西洋的白银共七百万两,花去六百万两,这对明王朝来说,是何等沉重的财政负担!高压政治下,无人敢对永乐皇帝派郑和下西洋,公开说一个"不"字。但永乐皇帝一死,太子立即将财政专家、户部尚书夏原吉从狱中放出。夏原吉实行财政紧缩政策,重要举措之一,就是停止劳民伤财的、让明王朝不堪重负的下西洋。

其后,宣德年间,头脑清醒的夏原吉已故,明朝虽又下过一次西洋,但不过是夕阳残照,从此成为绝响。

夏原吉像

1982 年在福建南平发现的郑和第七次下西洋前为祈保"风调雨顺"而铸造的铜钟（见《中华遗产》2005 年 1 月号。现藏中国国家博物馆。）

　　诚然，郑和所率庞大船队，所到之处，也有民间贸易，但比重甚小，主要是朝贡贸易，赏赐为主，不计成本，只算政治账，不算经济账。换回的是珍禽奇兽、名花异木，如海棠花、五谷树，还有各种香料等奢侈品，于民生无补。郑和七下西洋，做的是大赔本买卖，跟西人适成鲜明对比。如葡萄牙人于 15 世纪末到东方，他们的航海规模远不及郑和，然而他们获得的经济利益却很大，运回大量香料，在欧洲市场上卖价极高，出售后所得利润为投资的六十倍。显然，郑和下西洋是特殊政治背景下的政治行为，或者如有的学者所指出的，只是一个孤立的历史事件。明朝开展官方的朝贡贸易，并不意味着对海外实行现代意义上的开放政策。事实上，禁止海外民间贸易往来的海禁政策，并未改变。即使在郑和时代,国人仍持天圆地方观念,世界地图万历时才由传教士携入中土,在上层人士中流传。因此,郑和的船队只能沿海岸线航行,去时路,也是归来路。虽然,作为杰出的航海家,郑和领先于西方航海家近半个世纪,但事实证明,郑和根本不可能走得更远。古希腊人很早就知道地球是圆形的,故一千多年后,哥伦布才会向西航行去寻找印度,虽然他明知印度在东方。没有地球观念的郑和,绝不可能环球航行,他能到达东非海岸,已属天涯海角,很难走得更远。郑和七下西洋,所到之处,因无海权意识,从未建立过军事基地,更无殖民地。郑和下西洋,丝毫不意味着中国已进入海权体系的时代。

"封疆危日见才难"——张居正的悲剧

张居正(1525—1582)的政治、经济改革,是以半途而废告终的。他病死不久,政局即迅速逆转:其官职被追夺,家产被查抄,当政时起用的主要官员"斥削殆尽",改革派的政治力量受到毁灭性的打击,他呕心沥血实行的改革,基本上被一笔勾销。"出师未捷身先死,长使英雄泪满襟。"这是中国封建社会后期的一场政治大悲剧,其历史教训是多方面的。

张居正悲剧的主要教训是,张居正固然是惩治腐败,但未持之以恒;而更重要的是,在反对别人腐败的同时,自己却未能洁身自好。

明朝中叶后,政风十分腐败,贪官污吏横行不法,民脂民膏尽入私囊。严嵩垮台被抄家时,竟抄出黄金三十万两,白银二百万两,其他珍宝多得不可胜数。"私家日富,公室日贫"的结果是,国家财政捉襟见肘,嘉靖末年,太仓存银竟不到十万两,真是岌岌乎殆哉。

万历皇帝朱翊钧

张居正编撰的《帝鉴图说》插图(此图为万历元年江陵郑氏版。这是张居
正教导幼主万历皇帝的政治启蒙读物,内载历史上117个帝王执政的故
事。)

77

作为一个杰出的改革家，张居正当然看到了腐败的严重性。他在隆庆年间所上著名奏疏《陈六事疏》中，即尖锐地指出"当民穷财尽之时，若不痛加省节，恐不能救也""凡不急工程，无益征办，一切停免"，极力倡导廉政。同时，他认为必须惩治贪污，并将惩贪与巩固边防相结合。他建议："其贪污显著者，严限追赃，押发各边，自行输纳，完日发遣、发落，不但惩贪，亦可为实边之一助。"在他主政后，不仅一再强调"吏治不清，贪官为害"而大力整顿吏治，还抓了重大腐败案件，严肃查处。云南黔国公沐朝弼，谋害亲子，与嫂通奸，杀人如麻，谋财夺产，成了地方上的毒瘤。对这样一个作恶多端的腐败分子，本早该逮捕法办，但朝中官员惮于他是开国功臣西平侯沐英的后代，不敢下手。张居正断然派人逮捕，绳之以法。辽王朱宪炜的荒淫歹毒，更是令人发指。张居正明知这是皇亲国戚，老虎屁股摸不得，但还是与朱宪炜进行了斗争，尽管其中情节复杂，后来张居正为此招来严重祸害，但对朱宪炜毕竟是个沉重的打击。

张居正在改革的后期，几乎把全部精力用于经济领域的改革，在全国推行"一条鞭"法，这是赋税制度史上划时代的变革。但在廉政肃贪、惩治腐败方面，并未持之以恒，一抓到底。对赋税改革的先驱——刚正不阿、与贪官污吏势不两立的海瑞，张居正反而觉得他过激，始终不予起用。而更令人难以容忍的是，他自己也并不干净。大宦官冯保是他的政治盟友、靠山。冯保贪财好货，张居正让其子张简修送冯保名琴七张、夜明珠九颗、珍珠帘五副、金三万两、银十万两，"其他珍玩尤多"。需要指出的是，张居正在做官前，家中不过有田数十亩，家中余粮甚少，遑论金银，他当了内阁首辅后，虽是一品官，月俸也不过八十七石米，即使将他一辈子的官俸加在一起，至多不过折银万余两。显然，他送给冯保那么多的金银财宝从何而来，是不言而喻的。而冯保后来垮台的主要罪状之一便是贪污，说他家中所藏，抵得上天下贡赋一年的收入，后来也确实在他家抄出金银百余万两，大量奇珍异宝。张居正依靠冯保这样的贪赃枉法者作为自己改革的政治盟友，虽势在必行，不得不然，但无疑也授予反改革的保守、顽固势力以把柄，成为他们打击改革派、扼杀改革事业的突破口。万历皇帝在没收了冯保的财产后，怀疑张居正也有大量财宝，这也是抄张居正家的重要原因。令他失望的是，从张居正家虽未抄出想象中的甚至超过冯保的巨额家产，但毕竟也有大量财富，折价约金银 19.58 万两，另广有良田。这绝不是张居正的区区薪俸所能置办的。张居正的个人生活，也很奢侈、糜烂。其父病逝，他奉旨归葬，坐着三十二人抬的豪华大轿，吃饭时菜肴过百品，还觉得没法下筷子，甚至大吃海狗肾，"竟以此病亡"。张居正的这种腐败行为，不但给自己抹黑，更重要的，是给改革事业抹黑。很难设想，一个不能洁身自好的改革家能够把改革事业进行到底。

"眼看他楼坍了"——赵老太太的大起大落

这里所述的赵老太太，非普通老太太也，乃明代万历年间宰相、中国古代著名改革家张居正的母亲，姓赵，故以赵姬称之。姬者，老太太也。她多寿，活至七十六岁，集大红大紫、奇耻大辱于一身。而无论她的至尊、大辱，却都是历史的悲哀。她的浮沉，与其子张居正的改革事业息息相关，这就更值得世人回味。

赵姬娘家情况不详，当属小户人家，因为封建社会婚嫁强调门当户对，而张家不过有几十亩田，数间房，余衣甚少，绝非大户。本来,她不过是乡间普通妇女,每天看日出日落,相夫教子,闲话桑麻而已。但曾几何时,张居正中了进士,做了大官,并当了位极人臣的内阁首辅(相当于宰相)后,母因子荣,她成了诰命一品夫人,风光可想而知。万历四年(1576),神宗听说张居正的父母还健在,很高兴,当即亲笔致书张居正,"特赐大红蟒衣一袭、银钱二十两,又玉花坠七件、彩衣纱六匹,乃奉圣母(按:皇太后)恩赐"。赵姬得到这样的礼物,心情之愉悦,《红楼梦》里的贾母也不曾有过。两年后,居正老父张文明在老家江陵病故。张居正悲痛欲绝,更以老母为念,在奏章中说:"臣有老母,今年七十有二,人命危浅,朝不虑夕。"万历皇帝对此很关心,特派司礼监太监魏朝在这年秋天前往江陵迎接赵姬进京。沿途地方官员小心翼翼,诚惶诚恐,俨然是伺候西王母。将渡黄河时,老太太有些害怕,私下对奴婢说:"这样大的河流,过河太艰难了吧?"话一传出,立刻有人通知地方政府,同时安慰赵姬说:"过河尚未有期,临时当再报。"后来,快到北京了,老太太未免心疑,问:"怎么还不过黄河?"侍奉左右者告诉她:"您老上次问起后,没几天就过了黄河!"原来,有司早已在黄河南北,"以舟相钩连,填土于上,插柳于两旁,舟行其间如陂塘,太夫人不知也"。显然,即使是皇太后渡河,充其量也不过能享此如天之福。舟抵通州,时正中午,秋暑尚炽,州守张纶估计老太太一路上定是鱼肉不断,早已吃腻,遂"具绿豆粥以进,但设瓜蔬笋蕨,而不列他味"。赵姬果然大喜,抵京后即对张居正说:"一路烦热,至通州一憩,始游清凉国。"第二天,张纶即调京任户部员外郎,管仓库、粮储等美差相继到手。真是赵姬一顿凉餐,张纶平步青云!

更有甚者,万历皇帝又特命司礼太监李佑出郊慰劳,并护送赵姬至居正私宅。同时,皇太后又特派慈宁宫管事太监李用至京郊外慰劳赵姬,并与李佑一起护送她抵居正家。皇太后当即拟召赵姬入宫见面,只是因其年迈体弱而未成行,由居正至会极门"叩谢龙恩"。皇帝、两宫皇太后赐给赵姬的衣服、首饰等,相当可观。赵老太太受到这样高的礼遇,是很罕见的,万历皇帝及两宫太后"慰谕居正母子,几用家人礼",以至张居正誓言"移孝以作忠,苟利国家,敢惜捐躯而碎首"。

但张居正何曾想到,仅仅三年半以后,他就因病在北京家中"捐躯"了。他更难以想到的是,几个月后,他遗骨未寒,政局即开始逆转,他鞠躬尽瘁辅佐的万历皇帝变脸了,亲自策划对他鞭尸了,剥夺了他所有的功名,剥夺诰命,赵姬由一品夫人而"天上人间",还原为普通村妇,并贬斥其子孙,抄了她的家,用残忍的手段对其子张敬修、懋修等严刑逼供,要他们招出寄存在外面的二百万两银子,这完全是莫须有。更令人难以容忍的是,在正式抄家前,荆州府、江陵县地方官已将张居正家包围,把时已七十六岁高龄的赵姬与儿孙等分别隔离,有十几口人被活活饿死。而据当时人记载"其妇女自赵太夫人而下,始出宅门时,监搜者至揣及亵衣脐腹以下",何其卑鄙下流! 婴幼儿都被锁在屋内,有几个被饿狗活活吃了! 礼部主事张敬修被逼自杀,在悲愤万状的遗书中,说"吾母素受辛苦";其弟懋修投井、绝食,侥幸不死;敬修妻高氏上吊死未成,用茶匕刺瞎眼睛。可怜赵老太太以衰朽之躯,眼睁睁地看着其子张居正断气,回到江陵老家不久,遭抄家灭顶之灾,受惊吓,被侮辱,又眼睁睁地看着儿孙上吊、饿死、被饿狗吞食,她再也受不了如此折磨,不久就永远闭上了眼睛。虽然,在一些正直之士的一再呼吁下,万历皇帝下诏留下空宅一所,田十顷,供张家赡养赵姬,但赵姬在泉下,再也沾不着所谓的皇恩雨露了。

赵妪漫长的一生中，曾经到京城大开眼界，饱享荣华富贵，但不过是分享了其子改革家张居正的封建特权，也就是皇权的一杯羹而已，与其说是洪福，还不如说是历史的悲哀。在她的暮年，遭逢大难，受到了严重的迫害、摧残，不为别的，就是因为她是已被万历皇帝抛弃、人亡政息、改革事业付诸东流的张居正的母亲。这是更大的历史悲哀。是皇权把她这位乡间老太太捧上荣誉的顶峰，也是皇权又把她从天上摔到地下，几乎摔得粉身碎骨。哀哉，赵妪！

"眼看他起朱楼，眼看他宴宾客，眼看他楼坍了。"赵妪是四百年前那一页兴亡史既普通又特殊的见证人。

"轻取皇冠葬九宫"——李自成的悲剧

李自成身经百战，经常亲冒矢石，身先士卒，确实是一位优秀的军事指挥家。但是，作为一名政治家，他缺乏战略眼光，往往不能制定正确的策略，犯下一系列错误，导致进京后不久，迅速溃败，死于通山地方反动武装的无名鼠辈之手，遗恨千古，至今令史家扼腕难平。李自成在崇祯十七年（1644）旧历正月初一日，即在西安建国，"国号大顺，改元永昌，百官礼乐悉遵唐制"，正式登基当上皇帝。我认为，从各种史料的记载来看，这是千真万确的。李自成既然已经在西安当上皇帝，理应在这座古都认真地当皇帝，使西安这个大顺政权的首都能够成为大顺军坚强的政治中心、经济后盾。

李自成完全可以留在西安，行使皇帝大权，令部众继续征伐，消灭明军。但令人遗憾的是，他却亲率人马，向北京进发。这里，李自成有一系列重大失误。其一，进军北京的目的是什么？如果是捣毁明王朝的权力中心，派大将刘宗敏等人去就行了，何必要亲自上阵？明初朱元璋摧毁元大都（北京），就只派大将徐达完事。而李自成却在占领北京一个多月、在山海关之战中大败而归后，匆匆在武英殿登位，接受百官朝贺，"尊七代考妣为帝后，吏户礼六曹各赦书"。当然，他事先做了大量筹备工作，包括制定、刊行《永昌仪注》。这里的问题是：李自成在西安称帝还算不算数？当了皇帝又再当，只能制造政治上的混乱，贻人笑柄。事实上，李自成四月二十八日在武英殿即位，但当夜五鼓，即"潜遁"，仓皇撤出北京，堪称屁股还没有在龙椅上坐热，不啻是一出闹剧！其二，李自成在建立政权后，很早就提出"三年免征"的口号，这对民众当然有很大的号召力。但严格说来，并不妥当。不征赋，大顺军的开支从何而来？在进军河南后，李自成更让士卒到处散布"迎闯王，不纳粮""吃他娘，穿他娘，开了大门迎闯王，闯王来时不纳粮"。这种极端平均主义、无政府主义的口号，只能进一步导致大顺军用掳掠来筹集军费，以致在进军北京途中，特别是进入北京后，大肆对明朝的政要、权贵、富商、士绅等严刑拷打，勒索钱财，将富裕阶层完全推向绝路，造成社会混乱，人心动荡。其三，李自成进京，带了多少人马？顾诚教授估计是十万人，我认为大约是八万人，这是有史料可查的。这充分反映出李自成的轻敌思想，尤其是对关外的清廷，认识太差。清廷曾派人携国书给大顺军领导人，建议联合推翻明朝，"共享富贵"，李自成不予理睬，这是李自成一生中光彩的篇章之一，保持了可贵的民族气节。但是，他对清廷磨刀霍霍随时准备入侵关内、夺取政权的野心，却视而不见。山海关之战，他至多带了六万人马，而吴三桂的兵力是五万人，加上乡勇三万人，以及约十万以上的清兵，在总兵力上，超过李自成军三四倍，而

分
说

83

且大顺军与强大的清军是头一次遭遇,猝不及防,终于一战而溃,一败涂地,从此走上败亡之路。其四,"百足之虫,死而不僵",况大明王朝乎!李自成虽然当了皇帝,但在广袤的国土上,地方政权绝大部分仍然由明朝势力控制着,在南方,更迅速成立了南明朝廷,对抗大顺军、清军。关于如何南征,与如何东进一样,李自成有很大的盲目性。他只派了原明朝柳沟参将、进京后被封为权将军的郭升,带了三千人马出兵山东,虽先后克德州、泰安州等地,但终因人马太少而失利。大顺军山海关之战惨败后,郭升在山东虽经苦战,终于全军覆没,"单骑逃走",后在南明永历政权中,与李来亨一起坚持抗清。耐人寻味的是,"堪叹陕北农家子,轻取皇冠葬九宫"。李自成在通山九宫山下遭遇程九伯等地方反动武装突然袭击而牺牲,此时的通山仍然在明朝势力范围之内,岂不悲乎!

李自成兵临北京城下,曾派投降的太监杜勋进宫,与崇祯皇帝谈判。李自成提出的条件是什么?据清初史家戴笠、吴芟记载:"李欲割西北一带,敕命封王,并犒军银百万,退守河南。受封后,愿为朝廷内遏群贼,外制辽沈,但不奉召入觐。"清初李长祥《天问阁集》的记载大同小异。联系到李自成曾说"陕,吾之故乡也。富贵必归故乡,即十燕未足易一西安",以及把在京中拷饷追赃得来的大量金银不停运往西安,可以充分看出李自成的目光是多么短浅!他进京的目的,就是为了捞一把,掠钱财,在明宫里过把皇帝瘾。因此,他才会贸然入京,又仓促退出。如果把李自成进京比作赶考,他是落第了,失败了。作为一个领袖,他在政治上显然不及格。

"皇冠落地类转蓬,空教胡马嘶北风。"明朝、南明、清朝早已化为历史的尘埃,随风而逝。今天,我们站在21世纪的历史评判台前,应当更理性地审视甲申之变。那种对李自成一味高唱赞歌的态度、虚构大顺军进京很快腐化变质因而导致失败的故事,都是对历史真相的掩盖与歪曲。实事求是地回味三百多年前的那场大悲剧,今人仍然可以从中获得有益的历史启示。

"桃花扇底看南朝"——以李定国、李来亨
为代表的南明抗清斗争

崇祯殉国,明朝灭亡。但是,南方广阔的国土仍是明朝的天下,各种抗清力量在集结、组合、分化,形成了如火如荼,却又始终未能统一指挥、领导的抗清运动。朱明王朝的后裔,在形形色色的政客、不同抗清力量的拥戴下,陆续成立了继承明王朝衣钵的政权,统称为南明。先后有:在南京成立的由福王朱由崧称帝的弘光朝廷、在福州成立的以唐王朱聿键监国的隆武政权、在肇庆成立的由桂王朱由榔称帝的永历政权等等。这些小朝廷都很腐败,寿命不长,最短的仅四十天,但永历政权却坚持抗清斗争十年。这有种种原因,其中很重要的一条,是与杰出的抗清英雄李定国成功地组织了云南少数民族与汉族人民一起坚决抗清有关。

1646 年十二月,张献忠在西充凤凰山与清军之战中不幸中箭牺牲。殉难前,献忠已觉察到清军是主要敌人,主张联明抗清。在大西军撤离四川,准备突击陕西以袭清军后方时,献忠曾叮嘱手下大将、养子孙可望:"如果我死了,你就归顺明朝,不要做不义的事!"在时已发生重大变化的阶级斗争形势的推动下,以及在张献忠的影响下,李定国也日益感到联明抗清已经刻不容缓。四川败后,他决心归附明朝。这种联明抗清的打算,是符

合当时人民群众抗清斗争的要求的。

自西充兵败后,大西军迅速向西南撤退,攻克重庆,并南向贵州,相继攻克遵义、贵阳。大西军的节节胜利,震动了大西南。

此时的云南,正发生激烈的战事。阿迷州土司沙定洲与其妻万氏眼红"沐氏世宝",抱着企图打倒明朝勋臣黔国公沐天波并取而代之的野心,纠合了一批少数民族的上层分子,起兵反抗沐天波,逼使沐氏逃到永昌。原石屏土司、明朝副将龙在田也逃奔大理。龙在田于崇祯年间曾在熊文灿军中效力,熊文灿招抚张献忠时,龙在田曾与献忠交欢联络,拜干父义儿,并在幕府中结识了孙可望。当他得知孙可望军平越,立即派人请孙出兵云南。孙可望与李定国连忙率军长驱直入,很快平定了沙定洲的叛乱,克复昆明。由于孙可望、李定国解除了沙定洲之流土司贵族的压迫,得到了少数民族人民的欢迎,此时,明朝云南迤西巡道杨畏知等人,又极力向孙可望等鼓吹联明抗清,孙可望、李定国遂决定与明桂王永历政权合作,将所辖贵州、云南等地置其版图之内,正式举起联明抗清的旗帜。不久,孙可望回师贵州,李定国则留军云南。从此,他在云南积极筹划联合少数民族,力图把云南变成抗清基地。

有明以来,云南少数民族人民的苦难是深重的。在明朝统治者的横征暴敛下,他们走投无路,不断揭竿而起,明中叶后,大规模的起义连续不断。面对这样的现实,李定国深知要想联合少数民族人民共同抗清,不改变以往明政府仇视与残酷压榨少数民族的政策,对少数民族人民是不可能有号召力的,因而在经济、政治、军事等方面,陆续施行了一系列新的政策措施。

赋役问题,是云南各族人民的根本问题。李定国平定云南后,即制定丁赋。田地及盐井之利,俱以官四民六分收。在征收赋税的过程中,李定国更明文规定,各地不得以任何形式加派虐民。少数官吏在征赋税时,弄虚作假,把用以计粮的扁斗的尺寸制造得高过法定标准,人民颇为不满,武定知府谢秉铉将此事禀报李定国后,李定国立即毁斗弛禁,并派人至各地察访,将问题最严重的七人处死,受到各族人民的欢迎。在徭役方面,如果为了军事需要动用民夫时,李定国规定不但保证民夫的口粮,而且给予一定的脚价银。从这些历史事实中,我们不难看出,在当时抗清斗争极为艰难、军需开支浩繁的条件下,这些赋役不能说过重。后来,李定国还更将"田地与盐井之利",由"对半分收"改为"四六分收",可见他确实是关心云南各族人民疾苦而将赋税一再减轻的。

在政治方面,李定国整肃吏治,尊重少数民族首领,维持社会秩序的安定。他经常派人乔装至各地私访,严惩贪官污吏,罪行昭著者立拿斩首,传示各府州县。对于廉洁的官员,则予以奖励、提拔。在少数民族地区,如果发觉有些政策不便于民,允许地方头人上诉,确实不合理者,立即废除;有可以便于民者,立即实行。为了维持社会秩序的安定,李定国严行法治。有一罪汉用铁斧劈死姑母,昆明知县报知李定国后,李定国当即下令将罪汉就地斩首,以示惩戒。

对于军纪,李定国尤为重视。他规定军行有五要:"一不杀人,二不放火,三不奸淫,四不宰割耕牛,五不抢财货。"凡是军队经过的地方,百姓卖酒卖肉,不论银之轻重,酒一壶即与银一块,百姓喜之。对于违反军纪者,李定国处罚甚严。规定如果士兵有抢劫百姓一物者,立即斩首,而且如被害百姓不首告,也要连坐,对于犯罪士兵的直接辖官,同时责打八十棍,以惩失察之罪。由于这些军纪的严格执行,李定国率军经过之地,鸡犬不惊,卖酒、卖肉的人，一路不断。甚至有时农民军在一些地方宿营很久，因与民无扰，包括少数民族在内的云南等地人民，感到跟没有驻过军队一样。明末遗老李寄曾目击农民军后来挥师北上驻军长沙时的情况："定国兵纪极严，驻军半载，居民不知有兵。"

其次是宗教政策。云南傣族、白族等少数民族，都笃信佛教。为了尊重他们，李定国改变了过去跟随张献忠在四川时采取的那种极端诋毁神佛的做法，声称自己也信奉佛教，对佛寺庙宇妥为保护。他还用晋王的名义刻过佛经，直到今天，云南图书馆还藏有此品。

此外，李定国还积极组织各族人民努力生产，鼓励商人从事贸易。早在平定沙定洲之乱时，他即招抚外逃百姓回家复业，贫穷无力者，借给牛、种。后来，他将全云南各府州县的田地分给诸营头，令他们就地解决军需。凡是金银钢铁等厂，听任百姓自备工本开采，官府只抽取一定的税额。凡是贸易商人，都发给护照，甚至将黑、琅两井之盐归官，令商人在昆明领票赴盐井支盐，促进了盐的运销。

李定国上述一系列政策、措施的陆续实行，使云南的社会面貌发生了显著的变化。农业生产获得发展，云南一省的物产，已能保证其所率抗清队伍的军事开支。少数民族人民和汉族人民一样，生活得到了一定程度的改善。

正是由于李定国一系列的政策措施保护了少数民族人民的利益，因而得到他们的支持，壮大了联明抗清的阵营。

少数民族人民积极供应军需物资。如镇雄土司给李定国供应战马、鸟枪，输纳各种物品。少数民族还纷纷参加抗清队伍，英勇作战。这些少数民族的战士，由于生产方式和生活方式的特殊，颇能吃苦耐劳，爬山越岭，如履平地。驱象作战，尤为擅长。据谓李定国军中大象不下十三头,各有其名,被封为大将军,作战时所向披靡。在与清军的屡次激战中,少数民族战士出生入死,勇猛无比。1654年三月,李定国率领数千僳僳族战士与数万汉族战士一起,象十三骑,进攻廉州,将清军杀得大败,连克罗定、新兴、石城、阳春等县。

由于少数民族人民的大力支持,使李定国所率以汉族为主的抗清军队力量大增,西南各地的抗清运动出现了大好形势。1652年,李定国率军出征,进军湖广,所向披靡,相继攻克湖南靖州、武岗、宝庆、沅州。在桂林之役中,他身先士卒,城破后,"作贼一生"的孔有德举家自杀,落得个可耻的下场。李定国更乘胜北上,连下湖南永州、衡州、辰州等地。清廷大为震惊,急忙派了亲王尼堪率领十万清兵来攻。李定国在衡州(今衡阳)城下出奇兵突袭清军,杀死尼堪,大败清兵,获得巨大胜利。黄宗羲在评论桂林、衡阳战役时曾激奋地写道:"李定国桂林、衡州之战,两蹶名王(按:指孔有德、尼堪),天下震动,此万历戊午(按:指1618年)以来所未有也!"这评述是完全符合历史实际的。

李定国出征不到一年,纵横数省,收复湘、桂,击败数十万清兵,为明末抗清以来的空前大捷。但是,正是在这凯歌声中,当时的历史条件却给他铸就了功败垂成的悲剧结局。

一方面,南明建立的几个小朝廷,无一不是腐朽的崇祯朝廷的再版。朱明的宗室尽管只是在残山剩水间重新登上皇帝的宝座,但崇祯朝廷种种不可救药的痼疾,却在重建的小朝廷的肌体上继续恶性发展。顾炎武总结明亡教训,论及明宗室之患时指出:"宋子京以为周唐任人不疑,得亲亲用贤之道。惟本朝不立此格,于是为宗属者,大抵皆溺于富贵,妄自骄矜,不知礼义。至其贫者,则游手逐食,靡事不为,名曰天枝,实为弃物。"南明几个小朝廷的天子,正是比蜀汉时那个捧不起的刘阿斗还要糟糕的一小撮"弃物"。以李定国拥戴的桂王而论,是一个无能的怕死鬼,每遇大敌当前,唯知脚底抹油,以致经年播迁不定,疲于逃命。桂王是如此昏庸,朝臣大僚又十分腐败。大厦将倾,独木难撑。李定国把自己的命运与桂王之流联系在一起,虽然他竭尽全力,像诸葛亮那样鞠躬尽瘁,死而后已,但从历史发展的趋势来看,最终是不可能有什么前途的。

另一方面,孙可望是个极为卑劣的野心家。他盘踞贵州,独揽大权,将永历帝完全当作傀儡。在他的记录簿上,不过写着"皇帝一名,皇后一名,及从官数名"而已。结果,在永历小朝廷中重开党争,发生了拥帝派与拥孙可望派的激烈火并。孙可望兴起大狱,将拥帝派的吴贞毓等十八名大臣杀死,株连多人。更严重的是,孙可望一贯嫉恨李定国,将他视为篡夺永历帝位的巨大障碍,必欲除之而后快。顺治十四年(1657),他竟因痛恨李定国将永历帝接到昆明,悍然发兵进攻云南,遭到李定国迎头痛击,尽歼其军。孙可望在个人野心幻灭之余,可耻地到湖南投降清军,妄图在新主子的卵翼下,乞食一杯残羹,成了抗清事业的叛徒。永历政权内部的党争、火并,严重地削弱了抗清力量,给清军以大举进攻的机会。孙可望降清后,为虎作伥,使清军尽知云南虚实。经过几次战斗,李定国连连失利。1659年,昆明失守,桂王与一部分朝臣逃入缅甸。

在抗清事业存亡绝续之秋,李定国虽遭重挫,并未气馁,仍对抗清斗争满怀信心。他广造印敕,遍结土司,进一步联合少数民族,"耕田输粮如县例",积蓄力量,组织反攻。这使统率清军的洪承畴深为顾忌。在李定国的组织、影响下,少数民族人民纷纷起义抗清。元江土知府那嵩,首先起兵收复维摩州(丘北县西)，围攻临安府(建水县)，各处土司群起响应。吴三桂率领数万清军围攻元江，用箭射书城中，以屠城威胁那嵩投降。那嵩不但坚决拒绝，还针锋相对，用箭射书城外，历数吴三桂入关以来累累罪行，书中写"山海关总兵吴三桂开拆"，表示了对吴三桂的极大蔑视。城破后，那嵩"自北门驰归，与妻妾登楼自焚"，十分壮烈。此后，吴三桂攻磨乃，土司龙吉兆、龙吉佐等与那嵩约定誓死不降，守城达七十余日，栅破被执后不屈牺牲。这些事例都表明了少数民族人民在抗清斗争中大无畏的英雄气概。康熙元年(1662)，吴三桂引兵入缅，迫使缅甸国王交出桂王，俘至昆明绞杀。李定国在孟艮闻讯，悲愤交加，于是年六月二十七日在勐腊发病身死。临终前，他对其子李嗣业及部将靳统武说："宁死荒外，勿降也!"大义凛然，留下千秋正气。

李定国虽然死了，但云南少数民族人民抗清斗争的烈火并没有熄灭。康熙六年(1667)，贵州水西苗族领袖安坤等起义，称"晋王李定国尚在，谕令起兵"，继续举起李定国的抗清旗帜。宁州土司禄昌贤等趁吴三桂进攻水西之际，率众克复宁州，直逼昆明，接连攻下弥勒县和石屏县，与吴三桂交战达三年之久，最后才被迫撤退到森林地带。接着，女英雄陇氏又率部万余在乌撒起义，与清军激战，坚持达十余年之久。这种前仆后继、不屈不挠的斗争精神，是难能可贵的。

云南少数民族的人民对李定国颇为尊崇、怀念，经过定国的原葬地勐腊，总要虔诚地膜拜。他们甚至奉定国为神，在勐腊后山建起一座"汉王庙"，岁时致祭，礼极隆重。这些事实生动地表明：这位体现了我国各族人民不堪压迫、剥削，敢于反抗斗争的光荣传统的农民革命英雄和民族英雄，他在云南等地联合少数民族人民共同抗清的历史，乃其战斗一生的重要篇章，与其前期反抗明王朝的历史交相辉映,永垂不朽。

在南明抗清斗争中坚持长达二十年,最后全家壮烈牺牲,为南明史悲壮落幕的英雄,是李来亨。他是李自成侄儿李过的养子,在大顺军联明抗清后,才在历史舞台上展露头角,是著名的抗清武装"夔东十三家"之一。到康熙三年(1664),"十三家"就剩下李来亨这一家。他在永历政权时,曾被封为临国公。他以湖北兴山境内高大险峻的茅麓山为据点,以壮山河、泣鬼神的大无畏英雄气概,抗击清军十万强敌,使清军付出了伤亡惨重的代价。经数月奋战,在清军铁桶般的围困下,到八月初四日,寨内粮绝,李来亨自焚死,这是南明史上最可歌可泣的一页!

张居正和"一条鞭"

"九曲黄河万里沙,浪淘风簸自天涯。"在中国历史的长河中,充满了矛盾、斗争,其中包括封建社会里地主阶级中某些杰出的政治家所推行的政治、经济改革,与代表大地主利益的保守、顽固派所坚持的反改革的斗争。这种斗争,尽管在性质上仍然属于地主阶级内部的斗争,但是,那些政治改革家们顺应历史发展的潮流,提出的政治、经济改革的主张,有相当一部分在客观上反映了人民的要求,促进了生产力的发展。明代的张居正所推行的"一条鞭"法即是一个典型的实例。

张居正字叔大,号太岳,湖广江陵(今湖北荆州)人。生于嘉靖四年(1525),卒于万历十年(1582)。他小时候就非常聪敏,十五岁为诸生,写的文章十分精彩,巡抚顾磷见了惊叹道:这是国家的栋梁之才。嘉靖二十六年(1547)成进士,入翰林院为庶吉士。隆庆元年(1567)任内阁大学士,六年(1572)至万历十年(1582)六月,为内阁首辅。

张居正经历的嘉、隆、万三朝,正是国家的多事之秋。明中叶后,君权大肆膨胀,皇帝却昏庸腐朽,长年沉醉于穷奢极欲的生活,国家大事则不闻不问,不临朝成了惯例。嘉靖皇帝居然三十年不理朝政;隆庆皇帝在位六年,唯知声色犬马,上朝

张居正画像

时群臣争议，他却"不发一语"，呆若木鸡。皇帝如此昏聩，政局的混乱也就可想而知。

争夺内阁最高权力的斗争无止无休，一会儿严嵩倒了，一会儿攻倒严嵩的徐阶又倒了，一会儿使徐阶倒台的高拱，又与李春芳你争我夺闹得不可开交。这种"你方唱罢我登场"的政治角逐，每次都要牵连一大批官员，使不少人视朝政为畏途，发出不如"挂冠归去谢君王"的哀叹，以致造成"政多纷更，事无统纪"，公文"多至沉埋"，庞大的中央集权机构运转失灵的局面。而更糟糕的是，财政上入不敷出，陷入严重危机。皇亲国戚、大地主疯狂地兼并土地，隐田逃税，使"私家日富，公室日贫"，国家财源大大减少。大官僚贪赃枉法，数不尽的民脂民膏尽入私囊，如严嵩被查抄时，发现他和儿子严世蕃历年搜刮来的财物，竟有黄金三十万两、白银二百万两，其他珍宝器物无数。皇室的巨额开

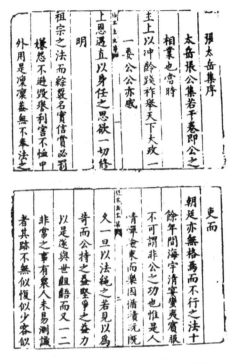

张居正文集《张太岳集》(明万历末年刻本,复旦大学图书馆藏)

支,继续大幅度上升,"数十倍于国初之时"。到嘉靖末年,太仓存银不到十万两,岁出常超支一百四十多万两。显然,明朝的财政,已濒临山穷水尽的地步。

面对严重的政治、经济危机,张居正在主持内阁后,决心挽狂澜于既倒,大力改革。在政治上,他主张伸张法纪,加强集权,确保"事权归一,法令易行",并提出"锄强戮凶",坚决打击权贵的违法活动。同时,创行考成法,整顿官僚机构,提拔才干,组织推行改革的政治力量。而在经济上,最重要的便是推行"一条鞭"法,改革赋役制度。

95

张居正认为,"豪民有田不赋,贫民曲输为累,民穷逃亡,故额顿减"是国家财源锐减的关键所在。他猛烈抨击豪强地主用"诡寄""洒派""花分"等五花八门的"飞过海"手段,隐占土地人口,逃避赋役,有关官吏"皆畏纵而不敢问,反将下户责令包赔",使"贫者益贫,而富者益富",赋役负担严重不均,赋役制度紊乱不堪。为了解开这个症结,他决定先从清丈全国土地入手。万历六年(1578),他下令清丈包括勋戚庄田和军屯在内的全国土地,至万历九年(1581)丈量完毕。结果量出全国的土地共有7 013 976顷,比弘治时期多出300余万顷。当然,其中难免有些负责丈量的官吏,或慑于权贵的威势,或接受贿赂,弄虚作假,用小弓量,虚报溢额,使上述数字不尽可靠。但是,总的说来,清丈出大批的隐田,是确凿无疑的。这样一来,收到了"豪猾不得欺隐,里甲免陪累,而小民无虚粮"的成效。

在清丈土地的基础上,张居正进一步解决逃役的问题,对赋役制度大力改革。万历九年(1581),他下令在全国推行"一条鞭"法。据《明史》和其他史书记载,其主要内容是:先将赋和役分别归并,再将役逐步并入田赋内,按田亩为核算单位,统一征收。赋役普遍用银折纳;赋役的催收解运一向由里甲助理,至此由地方政府办理;里甲十年轮流制,至此改为一年,即每年出钱代役。这种把田赋和名目繁多的力役,总编为一条的办法,就是"一条鞭"法(亦称"一条编")。它的特点完全可以用"赋役合一,按亩计税,用银交纳,手续简化"这十六个字加以概括。

"一条鞭"法的施行,具有重大意义。从实际效果来看,在一定程度上起到了抑制兼并和均平赋役的作用,减轻了一些地区农民的负担,促进了生产的发展。由于此法的实行,加上张居正采取的抑制豪强、整顿吏治、兴修水利等措施,封建王朝的政

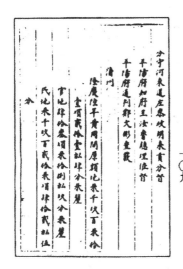

张居正时期山西丈地简明文册之一（北京大学图书馆藏。见张海瀛著
《张居正改革与山西万历清丈研究》，山西人民出版社，1993年。）

治、经济危机得以缓解，特别是财政收入大为增加。从万历十年至十五年（1582—1587）短短的五年间，太仓积粟达一千三百余万石，国库积银也有六七百万两之多。而从广阔的历史视野来看，"一条鞭"法是我国赋税制度史上的重要里程碑。它规定的计亩征银和以银代役，扩大了货币流通的领域，削弱了人身依附关系，促进了商品经济的发展，从而显示出对资本主义萌芽的催化作用。从唐代两税法到明代的"一条鞭"法，直到清代的"地丁合一"制，反映了赋役逐渐趋向一元化的历史进程。这表明，封建土地关系已日益明朗，古老的封建社会已经发展到烂熟的程度，在它的肌体上已开始出现一线近代社会的曙光（尽管还是十分微弱的）。

当然，"一条鞭"法绝不是张居正关在书斋中苦思冥想的产

97

物。清初学者任源祥评论说:"天下有不得不条鞭之势,张江陵不过因势而行之。"这个看法很有见地。这里所说的"条鞭之势",也就是实行"一条鞭"法的历史趋势,主要表现在两个方面。一是明中叶以后,商品有了长足的发展,它不仅限于工商业领域,而且逐渐渗透到农业方面。白银作为货币在市场上广泛流通,还出现了金花银,从而导致赋税已经开始折纳银两。如弘治时,北方田赋就已大部折征银两。一是早在宣德五年(1430),浙江巡抚周忱和苏州知府况钟,即提倡依民田起科,调剂赋役不均。其后,嘉靖十八年(1539),应天巡抚欧阳铎和苏州知府王仪曾在苏州府境内创行"征一法","以田为母,户为子",计亩征收,此外还有"一串铃"法、"十段锦"法等,虽因阻力重重,收效甚微,但却无一不是"一条鞭"法的先声。张居正的可贵之处在于顺应上述历史潮流,"因势而行之",及时总结历史经验,并于万历四年(1576)将"一条鞭"法先在湖广地区试行一年。实践证明,"其中言不便者十之一二耳",也就是说,多数人是赞同的,认为切实可行,然后才在清丈土地的基础上,把"一条鞭"法推向全国。这不仅是张居正经济改革的巨大功绩所在,而且是他从事改革的重要经验所在:先谨慎地进行试点,取得经验,然后大刀阔斧地在全国推广。

毫无疑问,张居正毕竟是封建社会已经"夕阳西下"、走向没落阶段的地主阶级的政治改革家。就他的主观动机来说,就像曹雪芹写《红楼梦》一样,是要"炼石补天",亦即"补"逐步走向坟墓的封建社会之"天"。张居正在临终前一年写的自述中,说"蒙圣主之深知,矢竭愚忠……顾涓流徒烦于注海,而寸石何望于补天",正是充分表明了他是用涓流入海的精神,尽"寸石补天"之能,在艰难世事中,点燃改革之火的。历史与阶

张居正墓园

2005年春,荆州市集巨资重建了张居正墓园。落成,著者应邀躬逢其盛,有诗赞曰:"功德巍巍,千古丰碑。革故艰难,悲剧终篇。积毁销骨,颠倒是非。皇权暴戾,抱恨中天。沉痛教训,休付云烟。历史伟业,重任在肩。"

级的局限,决定了他的改革不能不具有极大的局限性。他的清丈土地不可能彻底实行。"一条鞭"法行十余年,"规制顿紊,不能尽遵",在一些地区,老办法又卷土重来,历史呜咽着又向回头路走去。但是,这绝不是"一条鞭"法本身带来的结果,而恰恰说明了,植根于"枯藤老树昏鸦"般的封建制度肌体上的痼疾,不是"一条鞭"法之类的良药所能医治的。实际上,从根本上说,也是无药可救,无石可补的。夜幕沉沉的16世纪的社会条件,造就了张居正这样彪炳千秋的政治改革家,也正是这样的社会条件,注定了张居正个人的悲剧结局:他在万历十年(1582)死后不久,政局迅速逆转,万历皇帝一翻脸,张居正即被抄家,成了罪人,改革亦随之半途而废。当然,历史绝不会由区区皇帝定是非,张居正作为封建社会后期杰出的政治改革家,他的"一条鞭"法,拂去封建尘埃,其历史闪光是更加耀眼、永不消逝的。

明代商业文化

（一）明代商业文化概观

明王朝建立后，经过休养生息，社会经济在元末战争的废墟上得以复苏。大体说来，南方在成化以后，北方在弘治、正德以后，农业、手工业便日趋繁荣，嘉靖、万历时期，则达到封建经济的顶点。水涨船高，生产力的发展，导致商品流通的活跃，从而使商业文化异彩纷呈。

比起前人，明朝人的商品意识有明显的提高。从商业活动的参与意识看来，明朝（特别是明中叶后）上从皇帝（主要是正德皇帝）、宦官、大臣，下到军队、百姓，都积极经商。关于皇帝、宦官经商，史学界多有论说，兹不赘述。以军队经商而论，管军勋贵和卫所武官占夺屯地致富后，或"私起店房，邀截商货"，或贩卖私茶，也有兼营手工制造业及开矿冶银，甚至长途倒卖军粮。连堂堂天子脚下也不例外，军人公然卖掉粮筹。史载："京师军人将受粮于仓，先期给筹，辄卖之。南人利其价廉，每买得筹，以受粮于仓。"文人卖字、卖画、卖文，换取润笔资，自不待言。明末更兴起编卖选文之风。如上海浦东的王光承，博学能文，善书，为古文词精绝，"坊家争请选文，遂有《易经孚尹》《墨卷乐胥》《名家雪崖》《考卷右梁》《白门易社》诸书行世，贾人获利无算"。有些地区，儿童也参加商业活动。如江南旧历十二月二十四日，是传统的祭灶日，"小儿持纸画灶神像，叫卖于市，言其去旧更新也"。有人曾概述江南及北京的经商之风谓："吴中缙绅士夫，多以货殖为急，若京师官店六郭，开行债典，兴贩盐酤，其术倍克于齐民。"在一定程度上，这也是全国商品意识活跃的缩影。世风熏陶所及,人们的价值观念大为增强。时人曾慨乎言之:"世人遇一物辄曰:有便宜否? 里中沈生曰:汝家要便宜,却不顾这家失便宜。"

明朝几乎与历代王朝一样,及至中叶,随着经济繁荣、封建特权增大,达官、富室的消费欲日趋膨胀,消费幅度惊人地增长,对于商品的追求,出现高、精、尖的趋向。江南园林的勃兴,不知耗费了多少钱财! 松江的朱文石不惜"用冬米百担买何柘湖峰石一座,名青锦屏,四面玲珑……移置文园,特建青锦亭玩之"。

明代钱币(著者藏)

区区纸扇，到了明朝人手中，"皆尚金扇"。当然，这也是大体而言。时人载谓："今日本国所用乌木柄泥金面者颇精丽，亦本朝始通中华，此其贡物之一也。"制席名手"近年则有沈少楼、柳玉台，价遂至一金，而蒋苏台同时，尤称绝技，一柄至直三四金，冶儿争购，如大古董"。所用"便面"，也极考究。王燧的《海棠便面》诗谓："彩毫香染墨淋漓，写得东风玉一枝。不似洛阳花谱见，香红新雨湿胭脂。"当然，这些比起富豪们所玩的古董，又可谓小矣哉。

市场上对花卉的需求量越来越大。在北京，即使隆冬天气，也有花匠在地窖温室中，用特殊技术培植出四时鲜花，投入市场。两广的奇花异草也传至北京，如蛱蝶菊、红水仙、番兰、番柿等，并被移植宫内。而花铺中供应的象生花，更是巧夺天工，给人们带来春意融融。陈铎的小曲《小桃红·花铺》，生动地刻画了此情此景："象生妙手本行家，妆点春无价。蜂蝶相看索惊讶，会缠扎，铺绒蘸蜡工夫大。海棠非假，蔷薇不亚，幻出四时花。"精细器皿及微雕作品的风行，典型地反映了明朝上层人士在商品消费中对精、尖的刻意追求。晚明名士袁中郎曾专论《时尚》谓："古今好尚不同，薄技小器，皆得著名……士大夫宝玩欣赏，与诗画并重……近日小技著名者尤多，然皆吴人。瓦瓶如龚春、时大彬，价至两三千钱，龚春尤称难得，黄质而腻，光华若玉。铜炉称胡四，苏松人有多铸者，皆不能及。扇画称何得之，锡器称赵良璧，一瓶可值千钱，敲之作金石声，一时好事家争购之，如恐不及。"微雕作品更使人拍案称奇，叹为观止。如无锡某工匠用仅有龙眼大的象牙雕成葫芦状，"中藏杂器数十事，皆象齿所造，微细不可数，用黑角小盘一枚，如当三钱大，然后倾葫芦中物于内，则黑白分明，盘上有字曰某年某月某人造……中有浮图一，长如粒米,亦有七级,每级就上斫一环,束之一水桶上,有连环作铁索状,每环圜转相交,如麻粒大。其他如剪刀、琵琶、烛台、镜奁、炉瓶之类,悉如麻粒,而规制俨然。人玩时鼻息稍粗,则触而飞起。"又如天启时常熟的"奇巧人曰王叔远,能以径寸之木,为宫室器皿人物,以至鸟兽木石,罔不因势象形,各具情态"。他刻的描绘苏东坡游赤壁的核舟,因魏学洢的名篇《核舟记》而名播千古。还有人用桃核制成桃坠,居然在上面刻了众多的人物、风景。计有僧四,客一,童一,卒一。宫室器具凡九,城一,楼一,招提一,浮屠一,阁一,炉灶一,钟鼓各一。风景七处,山水林木滩石四,星月灯火三,而人事如传更、报晓、候门、夜归、隐几、煎茶,统为六。另外,有人曾得到用山核桃制成的念珠一百零八枚,圆如小樱桃,刻罗汉三四尊,或五六尊,立者、坐者、课经者、荷杖者、定于龛中者、荫树跌坐而说法者。环坐指画论议者、袒跣曲拳和南者、面前趋而后侍者,合计之为数五百。蒲团竹笠、茶奁荷策、瓶钵经卷毕具。又有云龙风虎、狮象鸟兽、镜猊猿猱错杂其间。尤令人称奇的是,所刻罗汉虽仅如一粟,但梵相奇古,或衣文织绮绣,或衣袈裟,神情风致,各萧散于松柏岩石之间,真乃艺术品之最。

明朝富豪对食品的消费,同样鲜明地反映出他们对商品高、精、尖的追求。谢肇淛在《五杂俎·物部三》曾慨乎言之:"龙肝凤髓,豹胎麟脯,世不可得,徒寓言耳。猩唇獾炙,象约驼峰,虽间有之,非常膳之品也。今之富家巨室,穷山之珍,竭水之错,南方之蛎房,北方之熊掌,东海之鰒炙,西域之马奶,真昔人所谓富有四海者,一筵之费,竭中家之产,不能办也。"宰杀牲畜的手段,残酷至极,以取异味:"鹅鸭之属,皆以铁笼罩之,炙之以火,饮以椒浆,毛尽脱落未死,而肉已熟矣。驴羊之类,皆活割取其肉,有肉尽而未死者,冤楚之状,令人不忍见闻。"明末张岱曾自道"喜啖方物",千方百计从四面八方购求。其中,北京则苹婆果、黄蜡、马牙松,山东则羊肚菜、秋白梨、文官果、甜子,福建则福橘、福橘饼、牛皮糖、红乳腐,江西则青根、丰城脯,山西则天花菜,苏州则带骨鲍螺、山楂丁、山楂糕、松子糖、白圆、橄榄脯,嘉兴则马交鱼脯、陶庄黄雀,南京则套樱桃、桃门枣、地栗团、莴笋团、山楂糖,杭州则西瓜、鸡豆子、花下藕、韭芽、玄笋、塘栖蜜橘,萧山则杨梅、莼菜、鸠鸟、青鲫、方柿,诸暨则香貔、樱桃、虎栗,嵊州则蕨粉、细榧、龙游糖,临河则枕头瓜,台州则瓦楞蚶、江瑶柱,浦江则火肉,东阳则南枣,山阴则破塘笋、谢橘、独山菱、河蟹、三江屯蛏、白蛤、江鱼、鲥鱼、裹河鳇。人参成为抢手货,有的居然"重十六斤,形似小儿"。即使对于主食品,也是讲究不尽,力求味比天厨。吴宽的《傅家面食行》即一例也:"傅家面食天下工,制法来自东山东。美如甘酥色莹雪,一由入口心神融。"明朝的商业管理,在经营方式、商店管理及商业宣传等方面,均有一定水平。有独资经营,也有合资经营。在独资经营方面,亦常有父亲从自身产业中斥资让后代另起炉灶,再开店铺。如明清之际的小说就曾描写徽州富商汪彦,拿出一万两银子,让其子汪兴哥到"平江下路"开个当铺,后来竟做出一番大事业来。合资经营的状况,黄仁宇先生曾引万历时出版的书算教科书《算法统字》卷二"差分"为例,指出:"其合资经营,人数甚少,本金亦系小规模,年终得利,势必瓜分,为当日营业之常态。"并又指出,明代某些商业组织"已略具现代股份公司之雏形,但其商业关系不能脱离人身成分,因之其范围有限制,共同投资者全赖彼此熟识,互相信赖,而无法将事业盈亏,托第三代经营,使所有权与事业之经理相分离,因之既得相当丰厚之利润,必致分析其所得"。这一论述,深刻地揭示出明代大多数商业经营的概貌。大的店家,均雇有账房、工人、奴仆。由于管账者掌握经济往来的命脉,在店中有相当高的地位。明人小说中曾经描写徽商程宰兄弟在辽阳徽商开的大铺子里管账,由于他俩"平日是惯做商的,熟于账目出入,徽州人称为二朝奉"。也有一些大官商,让家奴管理店铺,这些家奴俨然是二老板,跟二地主一样。如《衡州府志》即曾记载巡抚湖广都察院右副都御史秦耀,令"家奴开设典当,在无锡、苏、常各处者十余铺"。大的店铺,均有店规,内部管理严格而又井井有条。最著名的是为治经济史者所熟知的苏州孙春阳南货铺。孙春阳是宁波人,万历中弃儒经商,在苏州吴趋坊北口开一小铺,后来规模日大,闻名四方,一直到清中叶,仍很兴旺发达。根本原因,是"其店规之严,选制之精,合郡无有也"。它的管理方法,很像州县衙门,"亦有六房,曰南北货房、海货房、腌腊房、酱货房、蜜饯房、蜡烛房,售者由柜上给钱取一票,自往各房发货,而管总者掌其纲,一日一小结,一年一大结"。而据《茶烟歇》载,该店"有地穴,藏鲜果,不及其时,可得异品",这是一般店家难以做到的。更重要的是,它的商业信誉极好,明亡以后,"有持万历年间所发之券,往易货物,肆中人立付之,不稍迟疑",这更是其他店家所不能望其项背的。

从生意经也可看出明朝人商业经营的水平。对此,惜无史料专载,我们只能从东鳞西爪的材料中,窥其大概。据载,万历年间大官僚耿定向挑选家僮四人,每人给银二百两,让他们做生意。其中一人曾向泰州学派的后起之秀——思想家何心隐请教经商的诀窍,"心隐授以六字诀曰:买一分,卖一分。又有四字诀:趸买零卖。其人遵用之,起家至数万"。"大凡经商,本钱多便大做,本钱少便小做……只拣有利息的就做。"如何才能有利息？重要的一条是"货无大小，缺者便贵"。看来，这些原则对于商人具有普遍意义。有的特殊行业，如当铺，"以旧抵新，以远作近，日用使费上扣刻些。须当官帮贴中开些虚账，出入等头银水外过克一分。挂失票、留月分，出当包"等，颇含捣鬼术意味。至于做生意时必须请客送礼，明朝人叫做"人事"，讲究人际关系，讨价还价，甚至漫天要价，就地还钱，连只值一两六钱银子的棺材，也要讨价三两，更不必论矣。

　　明代的商业宣传　明朝人很重视商店的招牌，因为招牌起着广告的作用。中国历史博物馆藏有常熟翁氏旧藏的明人画《南都繁会景物图卷》，描绘明代后期南京市郊商业繁华的景象。其中各种招牌颇为醒目，写有"天之美禄""东西两洋货物俱全""西北两口皮货发寄""兑换金珠""万源号通商银钱出入公平""京式靴鞋店""极品官带""川广杂货"等等的布帘，最长者达数丈，迎风飘拂，使摩肩接踵的市民，目不暇接。这幅图画，就广告而言，堪称是明代大都会广告的一次大展览。就酒店而论，大酒店都有考究的酒帘、酒旗，随风摇曳。酒帘一般都置于高处，好让顾客在很远的地方就能看见，故又称"酒望子"。财力大的，在酒店前专门竖起一根旗杆，上缚酒帘，如《水浒》描写的蒋门神那样，在"檐前立着望竿，上面挂着一个酒望子，写着四个大字道'河阳风月'"。酒旗的作用与酒帘一样，只是形状稍异。蒋门神在从"快活林"霸占来的大酒店绿油栏杆上，插着两把销金旗，每把上写着五个金色大字："醉里乾坤大，壶中日月长"，凡此，均酒广告也。连小市镇上的酒店，起码也会在"粉壁上写着'零沽美酒'四字""招牌上写着'家常便饭'"。木匠铺在白粉墙上涂着字号，有一家写的是"江西张仰亭精造坚固小木家火，不误主顾"。这些形形色色的广告，多半出自民间书法家的手笔。明初大政治家姚广孝的义子姚继，当初在苏州乡下，就曾把他的宝楷挥洒到酒帘上，而为姚广孝所激赏。当然，实力雄厚的大店家的招牌，是由名流或著名书法家写的。如北京有几百年历史的酱园店"六必居"，传说是严嵩的手笔，也有人认为是书法家姜立纲写的。姜是弘治、正德年间的楷书大家，字体端方肥俗，如唐人院体，"一时仿效"。值得一提的是，正德皇帝开的酒馆，其酒望子上写的是"本店发卖四时荷花高酒"，又有二匾，分别题的是"天下第一酒馆""四时应饥食店"。惜乎是何人手迹，已无从知晓。

明朝人扩大商品影响的形式是多种多样的。小商小贩的吆喝，是起码的基本功。时人小说中曾描写苏州阊门外吊桥河下一个卖老鼠药者，地上摆着三四十个老鼠招头，口里唠唠叨叨高声大叫："赛狸猫，老鼠药。大的吃了跳三跳，小的闻闻儿就跌倒。"有的鞋铺以铁鞋作幌，表明所售鞋之坚固耐穿，直到今天"汴中仍存此风"。也有的铺子，利用特殊启事，招徕顾客。小说中曾描写杭州附近塘栖镇上一家铁店门前，"贴一张大字道：本店不打一概屠宰刀器"，人心向善，一望而知店主是菩萨心肠，所售铁器自然货真价实，这不失为是古代商品心理学的一个例证。明代大的店铺开张时，礼仪均很隆重、热闹，张鼓乐，结彩缯，横匾连楹。如此大造声势，目的之一也是为了扩大店家影响，推销商品。《金瓶梅》第六十回描写西门庆的缎铺开张那天，摆了十五桌酒席招待递果盒、挂红的来宾，吹拉弹唱，鼓乐喧天，同时柜台上发卖货物，结果当日"伙计攒账，就卖了五百余两银子，西门庆满心欢喜"。而对于书商来说，扩大书籍影响的重要途径是求名人、高手作序，把书的作者及作品吹得天花乱坠，欲使读者观之爱不释手，立即掏腰包。如湖海士序周清源的《西湖二集》谓:"予揽胜西湖而得交周子。其人旷世逸才,胸怀慷慨,朗朗如百间屋;至抵掌而谈古今也,波涛汹涌,雷震霆发,大似项羽破章邯,又如曹植之谈……咄咄清源,西湖之秀气将尽于公矣……博物洽闻,举世无两。"

商业道德　赚钱是商人的信条。但"君子爱财,取之有道",明代也是这样。如"递铺市贾黄臻,休宁人,其为人质直谨愿,较诸贾中不甚计利,好行善事以救济人"。又如休宁人程琼"开铺卖饭招宿,畜马骡送行。然其人虽居市井,而轻财重义",经常拾金不昧,虽百金亦然。有位姓张的商人,当别人在政治风波中被捕时,他虽与之素昧平生,却不顾张居正的威势,前往慰问,"宰猪烹羊,酒脯相劳,费不啻数金",被人目为"义侠"。有的商人还热心公众事业,为社会造福。如"谭晓、谭照兄弟俱有智算。家傍东湖,共修陶猗之术,累赀数十万。嘉靖癸丑岛夷犯境,仓促筑城,王邑侯铁命晓独任其半,献银四万两助工。至今镌像城门,春秋致享"。令人感佩的是,谭晓平时生活俭朴,"自奉不轻尽一卵"。当然,人类从来就是良莠不齐,良贾的对立面即为奸商。如洞庭的蒋贾,"虽至亲不拔一毛",为人可想而知。又如明清之际的新安富商"一程、一汪,以贾起家,积财巨万。性鄙啬……持筹握算,锱铢必较"。更恶劣的是,有的牙行经纪公然"纵容妻女与客人成奸后,脱其财本,此常套也"。

商业教科书及通书、专类商品著作的问世　此类书籍,万历以后曾经刊刻不少,多半是商人雇人编写,或出资刊刻,供商人经商时参考,惜流传至今的,为数已经很少。如残存的崇祯刻本《五刻徽郡释义经书士民便用通考杂字》,内容包括天文、地理、历史、经济、文化等,颇为实用。《恩寿堂三刻世事通考》分上、下、外卷。上卷有天文、地理、时令、人物、俗语、商贾、数目、历科状元、历代帝王、天下省属衙门等二十五个门类,下卷分释道、宫室、杂货、珍宝、蔬菜、酒名、农器、军器、花类、诸译国名、书简活套、京省水陆路程、算法、课占、药方、文约等五十四类,真是洋洋大观。清刻本《新刻张侗初先生分类四民便用注释增补五朵云》三卷(简称《五朵云》),实际上也是崇祯时出版,清初再加以增补的。书中的祭文活套(即格式)开头即为"维崇祯某年岁在甲子某月朔越九日""维皇明崇祯某年岁次某春正月元旦某堂下嗣孙某"等字样。商贾平时的往来应酬文字,均可参照书中提供的套话,如法炮制,如贺开店、经商归来宴客请帖以及各种书简、文约等等。"租店约批"的套话是:"某都某人今租到某都某人名下士民某店房几间开张,议定每年租银若干,或四季交纳,不致拖欠。凭此为照。"至于《商程一览》《水陆路程宝货辨疑》等书,更是行商指南。

反映商业文化的文艺作品 这在明朝的诗歌、词曲、小说、戏剧、绘画等作品中,都有充分的反映,限于篇幅,不能详述。明初诗人王燧的《商贾行》,对扬州商人及社会上的趋商倾向有生动的描写:"扬州桥南有贾客,船中居处元家宅。生涯常在风波间,名姓不登乡吏籍。前年射利向蛮方,往口行贩越海洋。归来载货不知数,黄金绕身帛满箱。小妇长干市中女,能舞《柘枝》歌《白苎》。生男学语未成音,已教数钱还弄楮。陌头车轮声格格,耕夫卖牛买商舶。"而有首古风,则道尽行商的艰辛:"人生最苦为行商,抛妻弃子离家乡。餐风宿水多劳役,披星戴月时奔忙。水路风波殊未稳,陆程鸡犬惊安寝。平生豪气顿消磨,歌不发声酒不饮。少资利薄多资累,匹夫怀璧将为罪。偶染小恙卧床帏,乡关万里书谁寄?一年三载不回程,梦魂颠倒妻孥惊。灯花忽报行人至,阖门相庆如更生。男儿远游虽得意,不如骨肉长相聚。请看江上信天翁,拙守何曾阙生计?"晚明袁宏道的《梦中题尊经阁,醒后述之博笑》(原注:阁在休宁县儒学)则写出了儒不及贾的感叹,显示出商人在士大夫心目中地位的升格:"壮哉尊经阁,缥缈入烟雾。千山列鲁儒,拱揖不知数。俗竞形家言,两塔遥相顾。累土作尖峰,上有参天树。海阳多贾人,纤啬饶积聚。握算不十年,丰于大盈库。富也而可求,执鞭所忻慕。金口亲传宣,语在《述而》处。师与商孰贤?赐与回孰富?多少穷乌纱,皆被子曰误!"明初朱元璋下令工部在南京建有十六座大酒楼,除了招待士大夫外,还"待四方之商贾",用官妓侑酒。时人李公泰用集句歌咏十六楼,不仅别有一格,更写出了十六楼的繁华风流、恢弘气势。如咏南市楼:"纳纳乾坤大,南楼纵目初。规模三代远,风物六朝余。耆旧何人在?登临适自娱。皇恩涵远近,莫共酒杯疏。"咏北市楼:"危楼高百尺,极目乱红装。乐饮过三爵,遐观纳八荒。市声春浩浩,树色晓苍苍。饮伴更相送,归轩锦绣香。"咏讴歌楼:"……广槛停箫鼓,深江净绮罗。千金不计意,醉坐合声歌。"咏重译楼:"使节犹频入,登临气尚雄。江山留胜迹,天地荷成功……"而冯梦龙编的山歌集《挂枝儿》及近人路工编的《明代歌曲选》,其中有很多有关商业的作品,这已是人尽皆知。

关于写商业文化的小说,《三言二拍》《金瓶梅》等,可以弥补史籍的不足,固不必论矣。值得一提的是明张应俞编、刻于万历年间的《杜骗新书》。其中的不少故事,都是有史实根据的。该书对商人的经营活动、生活起居、被坑和坑人等等,有大量描述,实在是明朝商业文化的重要文献。

(二)明代商业文化特点

明代商业文化的特点之一,是鲜明地打着传统文化的烙印。

中国一年四季,节日不少。节日期间,商贾不仅赶制时令商品,还利用看花灯等群众欢聚场合,销售商品。如北京中秋节时,"纸肆市月光纸,缋满月像"。重阳节时,"市上卖糕人头带吉祥字""糕肆揉彩旗,曰花糕旗"。而灯市,仍以北京为例,"每岁正月十一日起,至十八日止,在东华门外,迤逦极东,陈设十余里,谓之灯市,则天下瑰奇巨丽之观毕集于是"。有些史料记载更加具体:"市之日,省直之商旅,夷蛮闽貊之珍异,三代八朝之古董,五等四民之服用物皆集。衙三行,市四列,所称九市开场,货随队分,人不得顾,车不能旋,阗城溢郭,旁流百廛也。"一些诗人也咏灯市曰:"灯市百货蒙,穹隆像山谷。波斯细举名,最下亦珠玉。""风定晴酣午气煎,今朝真个踏灯天。平添什物三分价,撒尽官儿薪俸钱。"灯市时商业的繁荣景象,可见一斑。在无锡,春灯满街之日,各铺行搭起可以抬走的彩亭,"红紫缤纷,某铺市某物,内结一毡,即悬某物以别之"。这是非常有效的商品宣传,诚如有的学者指出的那样,"这无疑是在演春时的一次广告性大游行"。

明代有一种小商品风行天下,上自达官公卿,下至百姓妇孺,莫不喜好,这就是纸牌,又称马吊、叶子,明朝人玩此牌通称斗叶子。纸牌共四十页,玩时四人入局,人各八页,余置中央,以大击小,变化多端。

明代商业文化的特点之二,是从总体上看,它是低水平的商业文化。

从商业环境来看,明朝人比较注意小环境,而忽视大环境。多数商店均较整洁,有的商店更注重文化氛围。在歙县岩寺镇,时人"入一小肆中午餐,几案楚楚……壁有文太史画一帧,题句云:秋色点霜催木叶,清江照影落扶疏。高人自爱扁舟稳,闲弄

111

长竿不钓鱼"。而从大环境来看,北方的一些大城市都很脏。最糟糕的是开封。沈德符记载说:"街道惟金陵最宽洁,其最秽者无如汴梁,雨后厕中皆粪壤,泥溅腰腹;久晴则风起尘扬,觌面不识。"北京也很不妙,作为首府,人口密度大,厕所的有无与好坏,关系市民健康,也影响观瞻。"京师无厕",这就是说,大街上根本没有厕所。明末作家王思任曾描写京城无厕之苦:"愁京邸街巷作溷,每昧爽而揽衣。不难随地宴享,极苦无处起居。光访优穆,或内逼而不可待。禅谌谋野,又路远莫致之。"卫生条件如此之差,是今人难以想象的。

　　明代城市中,虽然也不乏大商店,有的店更备极豪华,但总体看来,还是小商店居多。有些店往往名不副实,如六陈铺,本来是卖米、大麦、小麦、大豆、小豆、芝麻的,但有的店家"虽则粜米为生,一应麦豆茶酒油盐杂货,无所不备"。多数商品的包装粗劣,食品每用荷叶、旧书及烂纸包装,此风一直延续到近代。明末休宁商人汪之蛟在青浦开店,即"收买残书败纸为囊,作贮面用"。春节期间,是商店生意兴隆、最为忙碌时刻。明代有的地方,除夕那天,"家家户户多收拾起买卖,开店的多关了门,只打点过新年了"。实际上,明代大量的商业活动属于地摊文化。在杭州昭庆寺廊下,"四方异贾,亦集以珍奇玩物,悬列待价,谓之摆摊"。在松江,虽为江南名城,万历初年商业仍不发达,李绍文曾谓:"吾郡三十年前……惟宗师按临,摆摊逐利,试毕即撤。今大街小巷俱设铺矣。"松江在三十年内能从摆地摊过渡到设铺,已属难得。而从城市到乡村,明朝的商业活动有很大一部分是借助于庙会、社日、草市进行的,流动不定的、商品数量有限的地摊占据主导地位,贸易额终究有限。何况摆地摊的多数是小商贩,资金本来就很少。

色情商品的泛滥，是明代商业文化低水平的另一表现。明中叶后，地主阶级穷奢极欲，晚明更达到人欲横流的地步。大讲房中术，甚至搞房事大战的比赛，真乃荒谬绝伦。正是在这种气候下，色情商品不胫而走，泛滥成灾。《闲情女肆》《嫖经》《嫖赌机关》等淫书及种种淫秽小说、春宫画，相继出版，流毒社会。此风甚至波及一般商品。沈德符谓："幼时曾于二三豪贵家见隆庆窑酒杯茗碗，俱绘男女私亵之状。"关于这种色情化的酒器，著名词人冯惟敏《黄莺儿·美人杯》中的描写使我们知道明朝某些士绅确实把酒与色合二为一了："掌上醉杨妃，透春心露玉肌，琼浆细泻甜如蜜。鼻尖儿对直，舌头儿听题，热突突滚下咽喉内。奉尊席，笑吟吟劝你，偏爱吃紫霞杯。春意透酥胸，眼双合睡梦中，娇滴滴一点花心动。花心儿茜红，花瓣儿粉红，泛流霞误入桃源洞。奉三钟，喜清香细涌，似秋水出芙蓉。"

有些商人更贩卖淫器、淫药谋求暴利。《金瓶梅》中的各种淫器，令人读来稀奇古怪，但绝非向壁虚构，皆为明朝所实有。松江的吴卖婆，"制造淫具、淫药，以干妇人之好淫者，多得重货"。淫具之一的缅铃，据谓"缅地有淫鸟，其精可助房中术，有得淋于石者，以铜裹之如铃"。而据杨慎《滇程记》载，这种鸟是大鹏。因此物"得热气则自动不休"，滇省便有人造假缅铃出售。真货制作极费时，"疑属鬼工神造……殊贵重，不能多得"，价格可想而知。海狗肾被奉为至宝，价格被哄抬上涨，"真者价值六十金"。这些足可表明，明代商业文化，垃圾不少。

明代商业文化的特点之三，是明代的商业语言，不仅丰富多彩，有相当一部分还颇为奇突。

明朝商人的市语，也就是行业间说的行话，五花八门。田汝成载谓："乃今三百六十行，各有市语，不相通用，仓促聆之，竟不知为何等语也。有曰四平市语者,以一为忆多娇,二为耳边风,三为散秋香,四为思乡马,五为误佳期,六为柳摇金,七为砌花台,八为霸陵桥,九为救情郎,十为舍利子,小为消黎花,大为朵朵云,老为落梅风。"局外人听了只能是莫名其妙。看来,此类市语在同行业之间流行,目的就是让外行人听不懂,便于捣鬼。《豆棚闲话》第十则就曾经描写一个叫强舍的苏州闲汉,对山西人马才连篇地打起洞庭市语,叽里咕噜,好似新来营头朋友打番话的一般,弄得马才两眼瞪天,不知什么来历。强舍本想从马才身上捞一把,后被人揭穿,枉费心机。另一部小说描写有人把中药的名称全改了,如恋绛袍(陈皮)、苦相思(黄连)、洗肠居士(大黄)、川破腹(泽泻)、觅封侯(远志)、兵变黄袍(牡丹皮)、药百嗜(甘草)、醉渊明(甘菊)、草曾子(人参)。如此之类,不过是市语暗号,欺侮生人。有些地名也被另称,如谓陕西曰豹,河南曰驴,江南曰蟹,福建曰癞,四川曰鼠。连食品也有种种特殊叫法,如称熏猪耳朵为"俏冤家",真不知从何说起了。

明朝江湖上流行的大量黑话,主要是民间秘密组织、黑社会成员间使用的特种语言,但不能排除其中有一部分是商人使用的黑话。有的商人开的就是黑店,不少还干起杀人越货、囤积居奇等勾当,都与商业活动密切相关。所谓"我家田地在江湖,不用耕兮不用锄。说话未完苗已秀,再谈几句便收租",充分揭示出黑社会成员以非法手段在江湖谋生的情况。从《江湖切要》的记载看来,凡天文、地理、时令、官职……都有黑话,涉及商业的,同样是黑话连篇。如井通(市人)、不将人(贩子)、兴朝阳(典铺)、推恳朝阳(杂货店)、青老(茶)、水山(白酒)、稀汉(粥)、春流(牛肉)、黄琴(金)、硬底(银)、跳符恳(卖假货)、实赞(真货)、热子(有钞)、将肯(假钞)、念搠(没生意)。如此等等,不一而足。这大概是明代商业文化中最有神秘色彩的部分了。

（三）明代商业文化的历史地位

明代商业文化对明代历史起过积极作用，特别是其中的反主流因素，对明代的社会、文化产生过进步影响。它有力地冲击着传统的"重农抑商"观念、森严的封建礼教、以封建特权为核心的封建等级制。

明代商业文化中最活跃的反主流因素是服装的变化，领导着当时新潮流，而这种新潮流的发祥地是苏州，以至形成一个新的概念——"苏意"，这是值得注意的。晚明宁波文人薛冈站在传统封建道德的立场，载谓："……苏意，非美谈，前无此语。丙申岁，有甫官于杭者，笞窄袜浅鞋人，枷号示众，难于书封，即书'苏意犯人'，人以为笑柄。转相传播，今遂一概稀奇鲜见动称'苏意'，而极力效法，北人尤甚。"由此可见，统治阶级对文化中有新意的东西，开始总是敌视的，但禁止的效果刚好适得其反，从反面起了推波助澜的作用。苏州的商品，成了时尚的代名词，人们以拥有为荣。"苏样的百柱鬃帽""苏做的扇子"，以及各种小商品、贵重商品，都受到人们的欢迎，开一代风气之先。"苏意"不仅影响北方平民，还影响皇室。史载"熹庙之皇第八妹也，号乐安公主，善吴装"，即为一例。诗人公鼐的《都城元宵典》也谓："……白袷裁衫玉满头，短檐堂髻学苏州。侬家新样江南曲，纵是愁人不解愁。"可见苏州服装、发式对京城的巨大影响。正是在苏州掀起的新潮流的推动下，各地服装迅速变革，使道学家们摇首叹息。时人余永麟载谓："迩来巾有玉壶巾、明道巾、折角巾、东坡巾、阳明巾，衣有小深衣、甘泉衣、阳明衣、琴面衣，带有琵琶带，鞋有云头鞋，妇人有全身披风，全已大袖，风俗关变。故民谣云：头戴半假幞，身穿横裁布，街上唱个喏，清灯明翠模。又云：蝴蝶飞，脚下浮云起，妇人穿道衣，人多失礼体。又云：一可怪，四方平巾对角戴。二可怪，两只衣袖像布袋。三可怪，纶丝鞋上贴一块。四可怪，白布截子缀绿带。秉礼者痛之，建言于朝，遂有章服诡异之禁。"甚至男性崇尚女装，以大红大紫为贵："二十年来，东南郡邑凡生员读书人家有力者，尽为妇人红紫之服……改得古诗一首……昨日到城郭，归来泪满襟；遍身女衣者，尽是读书人！"当然，这是就服装变化的大趋势而言的。必须指出，服装的变化，与人们喜新厌旧、物极必反有关。事实上，早在弘治年间，京城服饰已经开始变化，如："弘治壬戌以后，人帽顶皆平而圆，如一小镜，靴履之首，皆匾如鲇鱼喙，富家子弟，无一不然，云自京师始，流布四方。衣下襞积至脐上，去领不远，所在不约而同，近服妖也。"又如："正德中年，京都士人忽以巾易帽，四方效之，贩夫走卒，亦有僭用者。"只是这种变化，与在晚明时期"苏意"带动下出现的服装变革之风，还远不能相比。但是，在繁花似锦沸管弦的明代商业文化的背后，隐藏着不容忽视的虚假性。这是指：一方面，这种文化是消费性文化，食品、服装等占据主导地位，在生活消费品流通领域"流水泛碧波"，并不代表新的生产方式，对促进生产力的发展也很有限；另一方面，有相当一部分商业文化沾染流氓意识，从而进一步显示出明代商业文化的低层次。在鸡肋中塞沙，在猪肉及鱼肉中注水，伪造古董及家谱，胡要价格，等等，弄虚作假随处可见。这股歪风，在经济发达、商业文化最耀眼的杭州、苏州，有"大风吹倒梧桐树"之势。人们形容杭州的不少商品弄虚作假是"杭州风，一把葱，花簇簇，里头空"，《豆棚闲话》第十则更一针见血地描述："苏州风俗，全是一团虚哗。只就那拳头大一座虎丘山，便有许多作怪……即使开着几扇板门，卖些杂货，或是吃食，远远望去……

倒也热闹齐整。仔细看来……都是有名无实的。一半是骗外路的客料，一半是哄孩子的东西。不要说别处人叫他空头，就是本地……数落得也觉有趣。"陈铎的《坐隐先生精订滑稽余韵》，描写行业达一百四十种，其中涉及商贾铺户的，不少人都卖伪劣商品。余风所及，三百多年后的今天，我们仍然可以感受到沉渣的泛起。而制造假银，对社会的危害更大，当时的书坊曾出版了一本专门教人辨识假银的书，可见问题的严重。

至于明代商业文化中乞灵于鬼神，以及金银异化故事层出不穷、积重难返的窖银之风等等，大部分已为学界熟知，此处不枝蔓。

"行到水穷处，坐看云起时。"剖析明代的商业文化，我们可以看出，明代商业文化赖以生存的土壤——以地主阶级土地私有制和小农经济为基础的封建生产方式，及由此而导致的生活方式，虽然已发展到巅峰期，但还没有到山穷水尽的地步，即使真的有资本主义萌芽出现，那也不过是雨丝风片，含有近代文明色彩的良辰美景，根本没有出现。相反的是，当我们回眸审视三百多年前明朝莽莽苍苍的长空，所能看到的，依然是翻滚着难以驱除的封建专制主义的历史阴云。在它的笼罩下，包括商业文化在内的所有文化，从本质上说，并没有也不可能越出传统的樊篱。在封建专制主义的参天大树下，明朝商业文化中新的因素，只能是宛如在寒风中挣扎、摇曳的小草。即使不久揭竿而起的李自成等人，也没有——首先是不可能想到——改变这种历史命运。

从"开门七件事"到"三百六十行"

明代以名著《遵生八笺》鸣于时的学者高濂，曾经说过一句极浅显的至理名言："饮食，活人之本也。"试想，除了不食人间烟火的所谓神仙外，又有谁能不吃饭呢？但既要吃饭，就会立即碰到粮食、燃料、佐料、饮料等一大堆问题需要解决，这就是今日我们日常口语中不时提到的"开门七件事"。

"开门七件事"这句民谚，究竟始于何时，有待考证。据管窥所及，至迟在宋朝，已出现在人们的口语中。宋朝的太学生们有时闲坐聊天，经常"以谑破为戏"，即以开玩笑做题、破题。有一位完全用俗语试题云："湖女艳，莫娇他，平日为人吃诳拏，乌龟犹自可，虔婆似哪吒！早晨起来七般事，油盐酱豉姜椒茶，冬要绫罗夏要纱。君不见，湖州张八仔，卖了良田千万顷，而今却去钓虾蟆，两片骨臀不奈遮！"此题破云："有色者其累重，既知食美而服亦美；好色者其费重，当知业穷而身亦穷。"此题滑稽突梯，立与破皆称高手。而更重要的是，由此我们可以知道，宋朝

明代玉酒杯

不仅有了"早晨起来七般事"的说法，与"开门七件事"大同小异，而且，当时的"七件事"是指"油盐酱豉姜椒茶"，为我们了解宋朝人的饮食风尚提供了例证。不过，严格说来，"七件事"在宋朝还没有定型。吴自牧《梦粱录》载谓："人家每日不可缺者，柴米油盐酒酱醋茶。"可见，直到南宋，事实上还有"开门八件事"的说法。而到了元朝，情况便大为不同。元人杂剧《玉壶春》《度柳翠》《百花亭》等，都有"早晨起来七件事，柴米油盐酱醋茶"的说法。作家周德清还以七件事为题材，写了《折桂令》，词曰："倚蓬窗无语嗟呀，七件儿全无，做什么人家！柴似灵芝，油如甘露，米若丹砂，酱瓮儿恰才梦撒，盐瓶儿又告消乏，茶儿无些，醋儿无些。七件事尚且艰难，怎生教我折柳攀花？"真是写尽了"穷措大"的狼狈处境。显然，元朝人的"七件事"，成了柴、米、油、盐、酱、醋、茶。但是，从大量文献资料来看，这个叫法在口语中定型，成了国人的口头禅，那还是明朝的事。

从中国古代直到20世纪70年代，多数中国人——特别是广大农民——是民以粥为天。因此，每天七字不缺者，已是小康之家；而七字不足，尚能安贫乐道，就算是操守高尚之人了。明朝浙江余姚有位王德章先生，曾口占一诗曰："柴米油盐酱醋茶，七般都在别人家。我也一些忧不得，且锄明月种梅花。"真是高雅之至。不过，"人是铁，饭是钢，一天不吃心发慌"，倘若肚皮饿得贴着脊梁骨，两眼发黑，是绝不会再有锄月种梅的雅兴的。

俗话说："三百六十行，行行出状元。"稽诸史册，"三百六十行"云云，不过是近五百年的事。元代以前，有待深考，姑置勿论。从元代的记载看来，当时还没有"三百六十行"的叫法。大剧作家关汉卿的《金线池》第一折谓："我想一百二十行，门门都好着衣吃饭。"元末浙江象山的文人汤式写的《南吕一枝花·赠钱塘镊者》开头即谓:"三万六千日有限期,一百二十行无休息。"钟嗣成的名著《录鬼簿》也载谓:"郑廷玉有一百二十行贩。"由此可见,元代概称各行各业,是"一百二十行"。到了明代,经过明初的休养生息,至明中叶,经济迅速发展,行业越来越多。据正德《江宁县志》记载,当时江宁县为官府效力的铺行即达一百零四种,而至嘉靖、万历时期,社会经济相当繁荣,新的行业如雨后春笋般涌现。显然是人们感到再用"一百二十行"来形容,未免太不确切,于是逐步改用"三百六十行"的提法。嘉靖初,钱塘名士田汝成的《西湖游览志余》第二十五卷《委巷丛谈》载谓:"乃今三百六十行,各有市语,不相通用,仓猝(按:原著如此)聆之,竟不知为何等语也。"佚名的剧作《白兔记·投军》则谓:"左右的,与我扯起招军旗,叫街坊上民庶,三百六十行做买卖的,愿投军者,旗下报名。"从此,"三百六十行"云云,广为流传,经过清代,直至今日,已成为人们的口头禅。以清代而论,清中叶有这样一则生动的事例:周焘在任通州知州时,每获一贼即断其脚胫。有一贼甚强项,谓刺史曰:"小的做贼多年,亦颇知读《大清律例》,割脚胫在何条例?"周笑曰:"汝言甚是,惟吾也问汝,三百六十行,行行吃饭着衣裳,汝在那一行?"贼口噤,遂割其脚胫。众贼闻之皆逃散,士民感德。盗贼从来做的是无本生意,且往往还诉诸暴力,虽然不在三百六十行之中,实在是其心可诛。但割脚胫显属残忍行为,不足为训。

古代行业的详情,正统史书中鲜有记载。倒是某些文学作品,每有描述。明朝成化、正德年间的著名作家陈铎写的《滑稽余韵》,刻画了一百数十种行业,各色人等,状极生动。如《折桂令·棺材铺》:"紫枫香大样柴松,断解成形,合辏成功。料少完全,板难认辨,价有包笼。要镇远泡杪厮哄,缺马湖杂木歪充。

不愿年丰，只喜时凶。不是心毒，业在其中。"读来可发一噱。又如《赛鸿秋·灶户》："正当着煎造为公干，只凭着海水供衣饭。常担着罪过充囚犯，远离着乡井无根攀。二全家住水邦，遍体如乌炭，被商人错认烧窑汉。"煎盐先民之辛劳、可怜，于此可见一斑。

"开门七件事"与"三百六十行"，不过是我国古代商业文化的一枝一叶而已。但是，"一枝一叶总关情"。如果我们能把诸如此类的一枝一叶都逐步研究清楚了，我国古代枝繁叶茂的商业文化的大树，便会重新在我们的眼前临风而立，展现其勃勃生机。遗憾的是，史学界多年来对经济史、商业史的研究，多半沿

《金瓶梅》插图中西门庆开的绸缎铺

袭前人的老路,很少有人对商业文化做深入、系统的探索。其实,人类自进入文明史阶段,就离不开商业活动,而任何商业活动,总是以一定的文化形态表现出来,与千百万人的生活起居联系在一起,这是对人类——当然包括我们的老祖宗——影响最广泛、关系最密切的文化。

读过《水浒传》的人,很难忘记武松醉打蒋门神,夺回被他霸占的酒店"快活林"的故事。"快活林"三字,通俗易懂,并有几分幽默感,作为酒店的名字,堪称绝妙,颇能吸引顾客,起到了有效的宣传作用。其实这倒并非施耐庵的向壁虚构,孟元老《东京梦华录》卷六"收灯都人出城探春"条,历数园林胜迹,其中有一处便叫"快活林"。不知何时,被人移花接木,用到酒店名称上,后来又写进小说,真是耐人寻味。明中叶后,从城市到乡村,酒店遍国中。

明代大店铺开张时,礼仪均很隆重,张灯结彩,金匾生辉,鼓乐喧天,热闹非凡。如此大造声势,主要目的自然是为了扩大店家影响,推销商品。古人商品宣传的最有影响的形式,是商品广告。中国历史博物馆藏有常熟翁氏旧藏的明人画《南都繁会景物图卷》,描绘明代后期南京市郊商业繁华的景象。其中各种具有广告功能的招牌,最为醒目。在无锡,当人们欢度新年、春灯满街时,几百家铺行搭起彩亭,写明"某铺市某物""内结一球,即悬某物以别之",人们抬着彩亭满街游行,堪称是商业广告的一次大展览。

文人"下海"一瞥

"下海"时下成了风行神州的时髦名词,大有人们纷纷都要

"跳海"之势。某些文人,或跃跃欲试,或已在"海"中扑腾,真可谓热热闹闹。这使人想起明朝中叶后"上下交征利""以货殖为急"的情景。而当时文人"下海"的状况,尤其值得探讨。

明朝文人"下海",时有所闻。早在明初,有个擅长书法的林节,曾"贸易海上,获金巨万"(黄印:《锡金识小录》卷八),后归故乡无锡,购良田美宅,终老林泉。又如明初新安人黄敬宗,幼年也曾苦读,志在功名,后来还是走上经商道路,"不数年得缠十万贯"(《新安黄氏会通谱》),遂返乡,志不再出。但是,明初的文人下海,终究是个别现象。明中叶后,则下海者渐多。休宁人汪东瀛"通习经传,旁及子史百家,至于音律之妙,靡不究竟"。若果真如此,此人也是个文化人,后来他"意薄进取,挟赀皖城""远近商游于兹者,咸师事之"(《汪氏统宗谱》卷三十七),自然也是个"下海"者。无锡著名富翁华氏,原是塾师,用现在的话说,课余从事第二职业,为商人出谋献策,并出奇制胜,囤积板枝花,终于赚"银几百万"(花村看行侍者:《花村谈往》)。而福建晋江、福清更风行"学不遂,则行贾四方",如黄继宗,曾"习举业"(《泉州府志》卷五十九),张志立"舍儒就贾",杨乔"十岁通经史大义",人才难得,但后来也"辍儒之贾"(《泉州府志》卷五十九)。如此等等。文人"下海"的情景,在明人小说中也有所描绘。如《初刻拍案惊奇》卷一的著名故事《转运汉巧遇洞庭红》,描写落魄文人文若虚跟着一帮商人到海外做生意,结果成了"闽中一个富商"。

但纵观明朝的文人"下海",从整体上看,根本不成气候。"下海"者多半是因穷困所逼,赚钱糊口、养家,出发点原本很低,苟有所获,即弃"海"返乡,如前述黄继宗,系独子,"身任家政,遂堕功名事矣",以经商撑持门面。黄继宗之"下海",是因为"父殁，家贫"；张志立"舍儒就贾"，是因为他的四个弟弟俱早逝，"家徒四壁"；早慧的杨乔"辍儒之贾"，缘于"父及伯兄继殁，仲兄遭宿疾，不任治生"。凡此足以表明，这些人与其说是看到了经济大潮滚滚而来，想弄潮涛头，当个财神，还不如说他们是被穷神推入"海"中，艰难一搏，免成饿鬼。所以他们侥幸发财后，仍然回到土地上，过着或富裕或小康的生活，对国计民生、经济发展，并无建树。因此，尽管他们有文化，但思想境界并不比其他商人高出一头，因而也就不可能对历史发展作出积极的贡献。

事实上，明朝的著名文人及有成就的文人，根本无人"下海"。顾炎武在北方经营过土地，但那已是明朝灭亡、他亡命到北方避祸的清朝初年的事了。前述的那些文人，多数人的实际水平，恐怕也不过是粗通文墨，能写会算而已。塾师不全力教学、培育人才，而去赚大钱，本身就是个悲剧。明朝塾师就业毫无保障，薪水太低，当时的塾师曾悲愤地呼号："先生虽读万卷书，一字不堪疗饥腹。"（《北窗琐语》）这些人"下海"后侥幸发大财的很少。无锡华氏的发家史，带有传奇色彩，令人难以尽信，而文若虚的发迹，因为是小说中人物，自然只能以虚无目之。明朝已是中国封建社会后期，具有更鲜明的官绅商一体的色彩。大官僚、大地主，凭借他们的权力、财力从事商业活动，甚至连皇帝（正德皇帝）也经商，而大商人又往往通过铨选，买官鬻爵，使商业政治化。从本质上说，在官本位的明朝社会，文人视仕途为正道，而作为区区小民的下层落魄文人，即使跻身商业，也不是官商、巨贾的竞争对手。更重要的是，士大夫一朝登第后，立即身价百倍，应有尽有。明清之际吴履云写道："……大夫一登第后……日奔走于门墙者，皆言利之徒也。或云某处田庄岁可取利若干,或云某人借银岁可生息若干,某人为某事求一覆庇亦可坐致若干。"(《五茸志逸》卷一)时人顾公燮甚至谓:"明季缙绅,威权赫奕。凡中试者,报录人多持短棍,从门外打入,厅堂窗户尽毁,谓之改换门庭。工匠随行,立即修整,永为主顾。有通谱者、招婿者、投拜门生者,乘其急需,不惜千金之赠,以为长城焉。"(《消夏闲记摘抄》上)真是安然家中坐,富贵送上门。这与"下海"的文人,在江湖上吃尽千辛万苦,才能赚到若干银两,弄不好赔光老本,甚至毁家亡身,是何等鲜明的对比!"海"上生明月?否。"海"上浪急雾沉沉,文人下"海"几断魂。

随着人类社会的发展,社会分工愈来愈细,这是文明的标志。文人应当用他们优秀的精神产品,为社会服务。不管出于什么样的动机,明朝的文人"下海",显然是违背社会分工原则的一种历史倒退行为,不值得肯定。

宦官与江南经济

在中国历史上,宦官的危害、影响是颇为深广的。清代乾隆年间的史学家赵翼曾经指出:"东汉及唐、明三代,宦官之祸最烈。"其实,作为已属中国封建社会后期的明代,随着封建专制主义的高度发展、皇权的大肆膨胀,附着于皇权腐朽肌体上的肿瘤——宦官,也恶性膨胀起来,他们的手几乎伸到政治、经济、军事、外交等所有领域。万历、天启年间,更达到空前的地步。

对明代宦官与江南经济的关系做一考察,看一看宦官对经济发达地区究竟起了何种历史作用,有助于剖析在封建专制主义集权的时代,中央王朝对经济命脉所在地区实行的国策及其特点和对经济调节的某种规律。

需要加以说明的是,在行文中个别地方,我有时越出明代江南特定的地域范围,引用了在广义的概念上江南地区的某些史料,这仅仅是为了论述比较方便而已。

严格地说,洪武年间宦官已经开始干预经济领域。正统以后,经理仓场、提督营造、珠池、盐场、市舶、织造等等,都有宦官染指其间。江南地区当然不会例外,宦官的触角很早就伸向那里了。

不能认为,明代所有的宦官都是历史的渣滓。明人陈洪谟曾经指出:近时宦官如萧敬之文雅,陈宽之谨厚,何文鼎之忠谠,皆不可少。前此若金安之廉,兴安之介,金英之知人,怀恩之持正,张永之刚勇,王高之雅饰,后乎此若芮景贤之安静,皆有取焉。但是,且不论这些宦官是否如同陈洪谟所评价的这么好,就连这样几个人,毕竟也只是凤毛麟角。就总体而论,宦官中有权势者的绝大多数,都是残忍贪鄙之徒。弘治初年,浙江仁和县闹虎灾,知县陈荣"命猎人捕得之",缙绅纷纷献颂诗,浙江镇守太监张庆的帮闲俞珩,竟在诗中写道:"虎告相公听我歌,相公比我食人多。相公若肯行仁政,我自双双去渡河。"真是大煞风景。俞珩为什么敢于写这样的诗? 就是因为"(张)庆兄弟三人皆为宦寺,亲幸用事,势张甚。珩为庆所亲任,假其威,故敢为此言"。"假其威"者,狐假虎威也。仅就经济方面搜刮的贪婪性而论,宦官者,虎也,是毫不过分的。明代派往江南地区的宦官,十之八九,亦皆为虎辈。例如,武宗时南京守备太监刘琅,仗着有刘瑾撑腰,不仅横行霸道,"或自判状送法司,莫敢抗者",而且"贪婪益甚",拼命榨取钱财,是一个典型的财迷。"资积既厚,于私第建玉皇阁,延方外以讲炉火。有术士知其信神异也,每事称帝命以动之,饕其财无数。部有玉绦环,直价百镒,术士给令献于玉皇，因遂窃之而去。或为诗笑曰：'堆金积玉已如山，又向仙门学炼丹！空里得来空里去，玉皇元不系绦环。'"南京守备太监钱能还冒充风雅，与太监王赐狼狈为奸，拥有大量古字画，都是价值连城的稀世之宝，钱能竟箱满柜盈，非巧取豪夺，从何而来？刘琅、钱能这些人堪称活动在江南地区的宦官的典型。

宦官对江南地区的敲诈勒索，无孔不入。

岁办、采办 利用皇权，向地方勒索贡品，是中国封建专制主义的一大弊政，明代更甚。所谓岁办，是各地每年上贡的物品，凡是有著名土特产的地区，几乎都派人去征纳。明中叶，更多为宦官把持。所谓采办，范围极广，只要皇帝想起什么，需要什么，就派宦官四出。仅此两项，给江南人民带来的祸害，就十分严重。

以岁办而论，其数大得惊人。谈迁曾记下南京贡船所装物品的种类及数量：

南京贡船：司礼监制帛二十扛，船五，笔料船二。内守备鲜梅、枇杷、杨梅各四十扛，或三十五扛，各船八，俱用冰。尚膳监鲜笋四十五扛，船八，鲫鱼先后各四十四扛，各船七，俱用冰。内守备鲜橄榄等物五十五扛，船六，鲜笋十二扛，船四，木樨花十二扛，船二，石榴、柿四十五扛，船六，柑橘、甘蔗五十扛，船一。尚膳监天鹅等物二十六扛，船三，腌菜苔等物百有三坛，船七，笋如上，船三，蜜饯、樱桃等物七十坛，船四，鲥鱼等百三十合，船七，紫苏糕等物二百四十八坛，船八，木樨花煎百有五坛，船四，鸧鹠鸹等物十五扛，船二。司苑局荸荠七十扛，船四，姜种、芋苗等物八十扛，船五，苗姜百扛，船六，鲜藕六十五扛，船五，十样果百四十扛，船六。内府供应库香稻五十扛,船六,苗姜等物百五十五扛,船六,十样果百十五扛,船五。御马监苜蓿种四十扛,船二。共船百六十六只,龙衣、板方、黄鱼等船不预焉。兵部马快船六百只,俱供进贡。

百姓负担之重,可想而知。值得注意的是,宦官不仅对贡品产地的百姓勒索,在押运贡品船时,还对船夫百般敲诈。王世贞载谓:"南京鲥鱼厂岁取里长二十名,各索银二十两,正德时复倍取其数。起运内官索茶果银百二十两,水夫银二百两,及鲜船时发,又取夫四千三百有奇,民不堪命。"再以浙江地区而论,富阳县的茶叶与鲥鱼,都是贡品,镇守太监王堂之流"采取时,民不胜其劳扰"。时任分巡佥事韩邦奇"目击其患",曾写了一首《富阳民谣》,悲愤地揭露了王堂及其狐群狗党搜刮富阳人民的罪行:"富阳江之鱼,富阳山之茶。鱼肥卖我子,茶香破我家。采茶妇,捕鱼夫,官府拷掠无完肤。昊天胡不仁,此地亦何辜?鱼胡不生别县,茶胡不生别都?富阳山,何日摧!富阳江,何日枯!山摧茶亦死,江枯鱼始无。山难摧,江难枯,我民不可苏!"韩邦奇还向正德皇帝上《苏民困以保安地方事疏》,指出"征科四出,军民困瘁已极",建议"今后敢有指称进贡各色,在各地方需索财物,骚扰为害,应参奏者奏请究治,应拿问者径自拿问"。当然,当时被"参奏""究治"的,绝不会是在皇权卵翼下不可一世的宦官,相反倒是韩邦奇被王堂奏"作歌怨谤,阻绝进贡,逮至京,下锦衣狱,褫其官"。由于采办的范围十分广泛,其危害性之大,比岁办有过之而无不及。成化以后,购书采药的宦官不断前往江南。江南巡抚王恕在奏疏中,曾揭露太监王敬及段英骚扰江南的罪行:王敬动辄以朝廷为名,需索银两,民不堪命。王敬方来,太监

128

段英又至,造办药料冰梅,苏、松、常三府已办与价银 6 000 两,镇江、太平、池州、宁国、安庆、徽州、广德七府州与银 1 500 余两,又发钞 400,于松江府索银 2 000 两。王敬发盐 15 500 引与宁国等府,逼银 22 500 两等等。王敬还和奸徒王臣勾结,"采药江南,横索货宝"。如此横行无忌,对江南经济与社会秩序的破坏,是很严重的。

征商税 从总的方面来看,明朝对商人的政策,仍是中国封建社会"重农抑商"的传统国策。宦官控制了税务机构后,商税多如牛毛。万历时,叶永盛在奏疏中对宦官在江南的滥增商税作过猛烈的抨击:

> 何处无交易?今不论内外,尽欲责令官兵搜刮隐税,此说一行,将举留都之府县,举各府县之河埠,细及米盐鸡豕,粗及柴炭蔬果之类,一买一卖,无物不税,无处不税,无人不税,自是县无宁村,村无宁家,内外骚动,贫富并扰,流毒播虐,宁有纪极,此开辟以来所未有之暴也!……中官借此辈(按:指"无赖武弁郑一麒、马承恩、韩文盛等")为爪牙,此辈又借各土棍为羽翼。凡十室之村,三家之屋,有土著即有土棍,有土棍即有借土商名色以吞噬乡曲者,是枭獍联袂,而戎荈接踵也,民尚得安枕而卧者……在皇上之意,以为征商税,乃所以苏小民,不知奏内土著、土商,正所谓小民,民与商其实无两。……而况上取一,下取二,官取一,群棍又取二,利则归下,怨则归上……人穷则乱,恐斩竿揭木之变,不旋踵起也。

透过叶永盛的大声疾呼,我们不难看出宦官不仅与地方官朋比为奸,而且以各地的土棍即地痞为羽翼,结成毒网,逞凶肆虐于江南的江河水道之上,商人阶层民怨沸腾。商人从苏州贩运货物去四川,沿途"无不有征,一舟而经三十余关,一货而抽三十余次,商人不惟靳其息利,且折其母钱",其结果,只能是"咸疾首而不乐江湖,吞声而不通货贿"。这对商业的发展,不能不是严重的摧残。

征派 宦官在江南地区的征派,名目繁多。如"苏、松、常、嘉、湖五府,正德年间以内府新添小火者 5 031 名,岁用食粮各府征派共 24 148 石余",但从此即形成惯例,至嘉靖二十五年(1546),竟加耗达 13.7 万余石,使"小民重困"。而内官监所消费的白粮,本来在苏、松、杭、嘉、湖的加耗,就十分惊人,"耗外加耗,垫外加垫……百石而铺垫及无名费加至十四五两,二十余两""诚所谓一米一珠,一粒一泪也"。又如况钟在《请免苛征折布奏》中,曾揭露宦官王宠等到苏州等府坐买阔白棱棉布七百匹,王宠等见苏州并不出产此布,竟每匹布逼价银三两,又巧立别的名目,征派银两千两,到松江等地购买。但一年后,王宠等居然又来苏州,"征收各县布价银两,但此价已经钦差太监刘宁等尽数收抄解去讫,又要各县重复科派,民力难堪"。这种任意征派并重复科派的行径,使江南人民深受其害。

建祠 天启六年(1626)六月,浙江巡抚潘汝桢第一个奏请为魏忠贤建立生祠,此后"建祠几遍天下"。在江南,第一个紧跟潘汝桢的是南京孝陵卫指挥李之才,是年十月间,即在皇陵之侧,建起魏忠贤生祠,这对朱元璋来说,不能不是个莫大的历史讽刺。此后,在苏州、杭州,也陆续建起魏阉生祠。这些祠都极壮丽庄严。

130　　　这实在是中国政治史上一幕大丑剧! 建祠时的靡费,对百姓的苛扰,也是相当严重的。以苏州而论,魏祠建于风景秀丽的虎丘,取名普惠祠,督造者陆元科"倚势横行,官民缙绅或避其势,或加交纳于拨守祠樊太监。声势炎赫,侵夺坟墓田业,人无敢与抗,即匠作诸人,亦放纵无忌"。杭州的魏祠,名永息祠,"穷工极巧,徙苏堤第一桥于百步之外,数日立成,骇其神速"。南京建魏祠时"有司、乡绅一意媚挡,往往以贱直买人基地,甚至侵占旧祠,如周茂叔、程正叔、澹台灭明三先生祠堂,都被拆毁"。江、浙建魏祠总计挥霍了多少银子?文秉载谓:

> 按祖制:省直各有预贮银两以备急用,多者几十万,少者十余万。……江南有银十万两有奇,贮镇江府库,浙江有银十七万两有零,贮温州府库,名曰备倭。……自魏忠贤生祠开端,咸取给于是,造祠者十之二三,余皆入抚、按、司、道私囊中矣。

江南、浙江二地建魏祠,竟花去二十七万两银子,魏忠贤垮台后,魏祠统统被拆光。这笔巨款,哪一两不是江南百姓的膏血!荒谬绝伦的是,潘汝桢在请建魏阉生祠的奏疏中,竟然说:"魏忠贤心勤体国,念切恤民,鉴此两浙岁遭灾伤,顿蠲茶果铺垫诸费,举百年相沿陋习积弊,一旦厘革,不但机户翻然更生,凡属兹土,莫不途歌巷舞,欣欣相告,戴德无穷,公请建祠。"天启皇帝也居然下了圣旨,"着即该地方营造,以垂不朽"。强奸民意,颠倒历史,已经达到何等程度!

宦官对江南财富的掠夺,最严重的还是矿税使。万历二十四年(1596)以后,随着矿监税使遍天下,派往江南者,也陆续登途。现据《定陵注略》等史籍,示表如下:

万历二十四年至三十年派往江南矿税使事例表

时　间	人　员	地　点	任　务
二十四年九月	太监曹金同原奏把总韩太极	浙江观海、孝丰、诸暨等处	开矿
二十六年五月	以太监刘忠代曹金		
二十七年二月	奉御刘成同原百户张宗仁	杭州、嘉兴等处	征收客货渔课
	苏杭织造太监孙隆督同原奏百户陈道元	苏州、杭州、常州、镇江	征收货税
二十七年七月	南京余大寿等(《明史·食货志》载为郝隆,刘朝用)		开采宁国、池州矿洞,征收南直地方铺面银两
二十八年一月	税监暨禄	长江	征长江遗税,带管征收解进
三十年七月	南京太监邢隆		查勘解进南直十四府田房税契银约二十万两,并高淳等县马场关地变卖可得十万两
十一月	太监鲁保	浙直等处	带征岁造暂余银解进内库

　　万历时期,不仅在南京、苏州、杭州都有宦官督造,而且增加宦官人数于常额外,扩大坐派。因此,万历二十八年(1600)礼部署部事侍郎郭正域,在驳斥御马监少监鲁保在获得掣卖两淮余盐的特权后又疏请兼督浙江、直隶的织造大权时,即曾一针见血地指出:"织造,矿税之别名也。"事实上,严格来说,所有派往江南织造的宦官,都属于矿税使之流,他们在经济上横征暴敛,危害江南,与别的矿税使并无不同。以苏州织造局的宦官为例,永乐时有阮礼,洪熙时有刘景、罗玉,宣德时有陈源、阮个,正统时有韦义,天顺时有来福,成化时有罗政、陆英、麦秀,弘治时有韩义、梁裕,正德时有龚洪、杨轨、芮景贤、晁进、孙锐、张玉、浦

智、廖宣、梁玉、李彬,嘉靖时有吴勋、张志聪、耿隆、郭秀、宗伟,隆庆时有李佑,天启时有李实。如果再加上历年派往南京、杭州的织造宦官,完全可以说是硕鼠成群了。

根据《定陵注略》,并参校《明实录》《明史》《国榷》等有关记载,再将万历二十六年至三十四年(1598—1606),江南矿税使进奉内库的部分金银及物资,列表如下:

时　间	地　点	人　员	进奉名称	数　量	单　位
二十六年十二月	浙江	矿监刘忠	银	1 400	两
二十七年四月	浙江	矿监刘忠	银	1 800	两
七月	杭州、嘉兴	税监刘成	银	10 200	两
二十八年三月	苏州、杭州	织造太监孙隆	银	30 000	两
	杭州、嘉兴	税监刘成	银	20 000	两
六至九月	南京	守备太监邢隆	银 样砂	1 200 60	两 斤
十一月	南京	守备太监邢隆	银 赃罚银	4 100 700	两 两
二十九年二月	浙江	矿监刘忠	土回青 (掘获)铜钱	137 1 200	斤 千
四至六月	浙江	矿监刘忠	煤价银 石青	433 334	两 斤
七至十一月	浙江	矿监刘忠	银	20 300	两
七至十一月	苏州、杭州	织造太监孙隆	银	31 000	两
三十年 一至三月	南京	太监刘朝	各府认解矿 银	7 700	两
	浙江	矿监刘忠	样金 样银 矿银 土回青	12 500 7 560 560	两 两 两 斤
	南京	守备太监邢隆	芦佃银 子粒银 新增银	6 373 1 024 2 603	两 两 两

万历二十六年至三十四年江南矿税使内库进奉事例表

时　　间	地　　点	人　　员	进奉名称	数　量	单　位
四至六月	苏州、杭州	织税（造）太监孙隆	银	30 000	两
			各项袍缎	4 400	匹
			土物	20	箱
八至十一月	苏州、杭州	税监孙隆	盐课银	13 000	两
			税银	20 000	两
三十一年四至六月	浙江	矿监刘忠	税银	7 300	两
			煤价银	350	两
	苏州、杭州	税监孙隆	盐税银	13 000	两
	南京	太监邢隆	棚厂银	4 800	两
七至九月	浙江	矿监刘忠	矿金	56.6	两
			矿银	6 600	两
	杭州、嘉兴	税监刘成	税银	13 000	两
三十二年正月至六月	浙江	矿监刘忠	矿金	54	两
			矿银	7 080	两
	杭州、嘉兴	税监刘成	羡余银	31 000	两
	浙江	矿监刘忠	矿金	83	两
			矿银	9 543	两
	杭州、嘉兴	税监刘成	羡余银	34 000	两
			税银	21 000	两
三十四年	杭州、嘉兴	税监刘成	盐课羡余银	21 000	两
	苏州、杭州	税监孙隆	税银	12 600	两
			芝丝	3 340	匹

　　从上表可以看出，仅仅在万历二十六年至三十四年（1598—1606）数年间，在江南地区的矿税监，解进内库的银子就达到四十万两以上。而据万历三十一年（1603）户部尚书赵世卿在奏疏中所述，当时全国正课、杂课、额外之课等加在一起的总收入，

大约四百万两。江南数年的矿监税，即使是这不完全的统计，也已占全国年总收入的十分之一，这个数字是够大的了！需要指出的是，宦官上缴的银数，绝不是实际搜刮到的银数。史载："群小藉势诛索，不啻倍蓰。大珰小监，纵横绎骚，吸髓饮血，以供进奉，大率入公帑者不及什一，私充囊橐十得八九"。显然，宦官在江南矿税上所搜刮的财富，上缴国库的不过是十分之一。如按此比例，他们在短短的几年间从江南榨取的财富，在四百万两以上，相当于全国一年的总收入有余。于此不难想见，宦官的贪婪已达到何种程度了！

宦官监督织造，对丝织业是个严重摧残。织造太监孙隆，聚敛了大量财富，过着穷奢极侈的生活，仅"装塑西湖"即费"数十万金"，还居然在断桥附近建造他自己的生祠，"背山面湖，颇极壮丽"。是的，孙隆在西湖先后修建了灵隐寺、湖心亭、净慈寺、烟霞洞、龙井亭、片云亭、三茅观、十锦塘等，使湖光山色更加多姿，以至明末、清初一些文人，对他赞不绝口。袁宏道在《断桥望湖亭小记》中说"此公大是西湖功德主"，张岱谓"功不在苏学士之下"。但是，正是这个孙隆，在苏州增设税网，对机户广派税额，不论织机、织品，一律课税。民间织机一张，每月即须抽税银三钱。缯织成，每匹要纳银三分，才准上市。《苏州织造局志》更揭露他"驻苏督税，积棍纳贿，给札营充委官，分列水陆要冲，乘轩张盖，凡遇商贩，公行攫取，民不堪命。又机户牙行，广派税额，相率改业"，真是横行无忌。结果，导致葛成为首的民变，"聚众趋税监门"，必欲除隆而后快，孙隆吓得"越墙走匿民舍得免，潜遁杭州"。孙隆如此，别的织造太监也莫不如此。天启年间的织造太监李实，也是"素贪，妄增定额，恣意诛求"。宦官使素称发达的江南丝织业逐渐凋零。在南京，"各往往指称进贡等项名色,经营织造,或占据机房,或拘拿人匠,或强买丝料。公私兼并,纷纭攘夺,百方剥扰,匠艺为之失业,商货为之不通,民生憔悴,而丝帛之利大不如前"。在苏、杭,时人惊呼"二处财赋极重……而今日之最受害者,又加一织造府……迩来淫巧日进,费用日不足,借名加派,非分要求,织造之家,十空其九;其间自数百金数十金最下织户,皆转徙他方,其桀黠者皆去而为盗"。同时,织造局的产品,除一部分由朝廷赏赐给大臣、宦官外,大部分都是宫廷的特殊消费品,运往京城时,"以内官监运""额外多讨船……俱满载私货……撑夫挽卒,昼夜喧呼,南北往来,道路如织,皆恃势纵横,强索财物,凌辱官吏,驱迫军民,官司欲盘诘,辄称御物,人不敢相近。怨嗟满道,所不忍闻,东南一方民力殚矣!"嘉靖时诗人王盘曾写过一首脍炙人口的《朝天子·咏喇叭》:"喇叭,唢呐,曲儿小,腔儿大;官船来往乱如麻,全仗你抬声价。军听了军愁,民听了民怕,那里去辨甚么真共假?眼见的吹翻了这家,吹伤了那家,只吹的水尽鹅飞罢!"张守中为他的诗集《西楼乐府》作序时,曾指出:"喇叭之作,斥阉宦也。"显然,这首《朝天子》,正是对宦官押运包括织造物在内的贡品船的暴虐行径的深刻揭露。

综上所述看来,宦官对江南经济的摧残,是颇为严重的。但是,宦官与皇帝的关系,不过是家奴与主子的关系。万历时期,有人曾弹劾宦官干没上元节的烟火,朱翊钧竟说:"此我家奴作奸,秀才何与焉?"万历皇帝把他自己与宦官之间的关系,倒是赤裸裸地端出来了。因此,从本质上说,宦官专权,仍然是皇权的一种转换形式。显然,明代宦官对江南经济的破坏,也正是皇权对江南经济的破坏,从而表明了封建专制主义的统治,在封建社会后期对生产力的发展越来越充分地显示出束缚作用,阻碍了历史的前进。但是江南地区的经济既然受到如此严重的摧残，为什么直到明末，并没有使社会矛盾空前激化，虽有民变，但无大规模农民起义，甚至直至明朝灭亡，社会经济还在继续发展呢？这应当是需要回答的问题。事实上，早在万历中期，即已有人在一定程度上提出过类似的问题，并做出回答。谢肇淛即曾说："三吴赋税之重甲于天下，一县可敌江北一大郡，破家亡身者往往有之，而闾阎不困者，何也？盖其山海之利，所入不资，而人之射利，无微不析，真所谓弥天之网，竟野之罘，兽尽于山，鱼穷于泽者矣。"

当然，用"人之射利，无微不析"，是并不能说明江南地区"闾阎不困"的根本原因的。有明一代，甚至直到清朝后期，关于江南重赋的呼声不绝于耳，史料俯拾即是，这里无须援引。其实，在不同时期，江南赋重论背后的阶级内容并不完全相同，但我们透过赋重论的呼声，倒是不难进一步清楚地看出，江南地区是明王朝的经济命脉所在。在明代初、中期，苏州府一府七县田地面积即占全国可耕地面积的九十分之一，两税粮额更占全国的十分之一，江南在全国经济地位上的举足轻重，可见一斑。"苏松熟，天下足。"这再清楚不过地表明了江南在全国的经济地位。中央王朝和这一地区地主阶级为分割赋税，不断发生矛盾、斗争，宦官被派往江南，正是这种斗争的表现形式或必然结果。但是，也正由于江南地区是明王朝的经济命脉所在，这里的政局如何，直接关系到明王朝的安危，因此从总的方面来看，终明之世，从朱元璋到崇祯皇帝，对江南地区实行的传统国策是稳定江南。一些有头脑的官员都懂得，"朝廷财赋，仰给东南；诚倚东南，莫如休养"。如果一味敲骨吸髓，让江南百姓"半饱鱼腹，半毙催逋，是江南无民而朝廷无江南矣"！即使魏忠贤那样的巨奸,在他权力的顶峰时期,也不敢造成江南的大乱。当织造太监李实在苏州挑起冲突,致使"苏人之围守校尉及周吏部者,街巷之间,千百为群,屯聚不解"时,尽管"(魏)忠贤得织监密报",但"惧激吴民之变,彷徨累日",也没敢采取极端措施,以免使事态进一步扩大。而另一方面,明初即严禁在江南地区封藩王,从而避免了宦官在江南地区与藩王的勾结。宦官在江南没有庄田,更无田产,没有搞土地兼并,这点与北方有很大不同。因此,江南地区受到宦官直接打击最为沉重的阶层,是商人、手工业者、中小地主,而贫苦农民、大地主所受打击不如上述阶层,更轻于北方某些地区,江南地区的农业并未遭受很大破坏。因此,这个地区的经济还在继续发展,而农业则是封建经济结构中最重要的组成部分。在很大程度上说,也正是以此之故,江南地区的阶级矛盾,直至明亡,并没有全面激化。作为这个地区历史运动的结果之一,地主阶级的经济实力仍很雄厚,以至明亡后,史可法在抗清时,还特地向"云间(按:即松江)诸绅"苦苦哀求,呼吁他们"毁家佐难",帮助他摆脱"坐乏军需,点金无术,彷徨中难,泣下沾衣"的困境。当然,这是不会有任何结果的。"春灯燕子,金盆狗矢(按:即屎),不多时,野草迷丹阙,秋槐发别枝!"随着清兵过江,弘光小朝廷作鸟兽散,江南地主阶级又在"清槐"上发新枝,成为清王朝重要的阶级基础。江山虽已易代,但江南在全国的经济地位并没有改变。这是明朝的皇帝及其家奴——宦官做梦也未曾想到的。

由此我们也可以看出,封建王朝的最高权力机构对全国经济的控制、调节是有重点的,对于全国经济命脉所在地区特别注意控制、调节,虽然大力搜刮,但一般不会竭泽而渔。以明代而论,正是在这一规律的支配下,在江南地区,衍化出具有独特性的种种矛盾斗争。这种历史现象，是很值得我们去深入研究、探讨的。

绿亭朱栏知多少——江南园林的兴衰

明代江南园林，是明代历史的窗口。透过这个窗口，我们可以饱览祖国历史悠久的园林文化在明代纷呈的异彩，而纵观园林的盛衰，我们同时可以窥知明代经济、政治的若干动向。研究明代造园的经验，对于我们今天的城乡建设，更可提供有益的借鉴。

江南园林源远流长，早在东晋时，苏州就有闻名遐迩的避疆园，"池馆林泉之胜，号吴中第一"。隋唐以后，特别是到了南宋，随着全国经济、政治中心的南移，江南的修园林之风盛行一时。以杭州而论，集芳园前挹孤山，后据葛岭，两桥映带，一水横切，"凉亭燠馆，华邃精妙"。宋代园林风采，于此可见一斑。而以吴县为例，仅此一邑，宋代的名园就有红梅阁、隐圃、梅都官园、乐圃、千株园、五亩园、范家梁、张氏园、沈氏园、郭氏园、道隐园等等。在吴兴，南渡以后，北方那些曾醉心于洛阳名园的达官公卿，纷纷来此山清水秀之地修建园林，"故名园众多……几与洛中相并"。在元代，江南的一些地区也继续建造了新的园林，如常熟的福山曹氏，富甲邑中，"私租三十六万"，植梧桐数百株，每天令童子用水洗刷，郁郁葱葱，其园即名洗梧园。在吴县，有绿水园，但也仅此一园；而在长洲县，有元一代，几乎无园林。在元朝，江南园林颇有"枫落吴江冷"之况。

在明代，江南园林如雨后春笋般涌现，堪称百花争艳，千古风流。明代江南园林出现过两个高潮，一个是成化、弘治、正德

139

年间,另一个是嘉靖、万历年间。而后一个时期较诸前者,更显得一浪高过一浪。

以前一时期的昆山县而论,成化至正德年间兴建的园林,即有郑氏园、翁氏园、松竹林、北园、西园、陈氏园、洪氏园、孙氏园、依绿园、南园、仲园、隆园。在娄县,也出现了水西园、竹素园、南园、七松堂、秀甲园、宿云坞、静园、塔射园、梅园。

嘉靖、万历时期,江南园林出现了五彩缤纷的局面。在南京,园林在数量、质量上都超过了洛阳名园。其中最著名的园林有十六座,如东园、西园、凤台园、魏公西园、万竹园、莫愁湖园、市隐园、杞园等等。万历时,王世贞在南京做官,曾畅游诸园,写下《游金陵园序》,不少园"皆可游可纪,而未之及也"。有的园,虽占地不广,堪称小园,但"修竹古梅与怪松参差,横肆数亩,如酒徒傲岸箕踞,目无旁人,披风啸月,各抒其阔略之致"。真是别具一格,独占风情。又如松江府,上海潘允端的豫园、华亭顾正谊的灈锦园、顾正心的熙园等,都是"掩映丹霄,而花石亭台,极一时绮丽之盛"。上海经嘉靖倭患,有些园林毁于战火,但平倭后,又兴建了新的园林。再以松江城而论,不仅在城内有啸园、文园、芝园、东园、李园、真率园,在城外也有倪园、熙园、魁园。而绍兴的园林之多,更使人叹为观止。明末祁彪佳著有《越中园亭记》六卷,除了考古卷所记基本上是历史陈迹,只能让人掩卷遐想当年那些园林的千姿百态外,其他各卷所记园林,多为明中叶勃兴而起。不仅城内有园林,城外的东、西、南、北,都遍布园林,少则十处,多则二十余处,而仅城内的一隅之地,即遍布淇园、贲园、快园、有清园、秋水园、虫园、选流园、来园、木园、耆园、曲水园、趣园、浮树园、采菽园、漪园、乐志园、竹素园、文漪园、亦园、礤园、豫园、马园、今是园、陈园等。这些园林,大部分小巧玲珑,得水边林下之胜。绍兴园林的盛况,堪称明代江南园林的代表。

江南园林繁花似锦,它在明代的迅速崛起,是明代江南经济、政治、文化发展的产物。

明王朝对江南的基本国策是稳定江南,注意调整这一地区的阶级关系,以确保江南作为明王朝经济命脉所在地的安定局面,并采取了一系列有利于生产发展的措施。成化以后,江南地区不仅从元末大乱、经济凋敝中复生,还有了长足的发展。封建经济的繁荣,是封建文化发达的基础,作为封建文化的一朵奇葩——园林,正是封建经济高度发展的产物。费元禄对铅山河口镇的兴起与园林的兴盛有过生动的记述,颇能说明园林的由来。文谓:"河口余家始迁居时,仅二三家,今阅世七十余年,而百而千,当成邑成都矣。山川风气,清明盛丽,居之可乐,平原广隰,东西数十里……间阎之人与缙绅先生竞胜,而园林亭榭,秀甲一时。……盖其舟车四出,货镪所兴,铅山之重镇也。"而明中叶江南出现的城市乡居化,更加速了园林的发展。所谓乡居化,包含两个方面的内容。一是达官贵人、富商大贾,腰缠百万,追求封建的高消费,由城居地主向乡居地主转变,到乡间的山崖水曲修建别墅、园林,远避市嚣,追求"雪满山中高士卧,月明林下美人来"的精神境界,及四时皆有天然景色尽收眼底的赏心乐事。另一个方面,即在城内寻求乡村气息:财力雄厚者,建造"都市里的村庄";财力一般者,也极力罗致花木奇石,植修篁数竿,以求足不出户,也能领略村景一二,朝朝暮暮,赏心悦目。

明朝人为乡居大唱赞歌者,颇不乏人。如莫是龙谓:"入居城市,无论贵贱贫富,未免尘俗嚣喧……我愿去郭数里,择山溪清嘉、林木丛秀处,结庐三亩,置田一区,往返郡邑,则策蹇从之。

141

良友相寻,款留信宿,不见县官面目,躬亲农圃之役。伏腊稍洽,尊俎粗供,啸歌檐楹之下,以送余年,其亦可乎。"也有人说:"入城居一二世后,宜于乡居则再往乡居,耕读相为循环,可久可大,岂非吉祥善事哉!"有人甚至概括出"山居八德",就是乡居的八大好处:"山居胜于城市,盖有八德。不责苛礼,不见生客,不混酒肉,不竞田宅,不问炎凉,不闹曲直,不征文逋,不谈仕籍。"这是对"羲皇上人"式道家共同体生活的向往,在田园风光中陶冶性灵,反而变得次要了。至于乡居者的具体生活情景,也是因人而异,大体上分为两种类型:一是把城市里的骄奢淫逸、声色犬马搬到乡间园林中去,追求特种"山林之乐";一是以乡村为天然园林,过着桃花源式恬淡宁静的生活。前者可以苏州的范长倩为代表,史载:"少参范长倩居天平山精舍,拥重赀,挟众美,山林之乐,声色之娱,吴中罕俪矣。……卜筑此山,搜剔岩薮,疏凿池沼,建亭树堂庑,植嘉树美竹,大费经营位置,遂为兹山增色。春秋花月,游人之盛如蚁。"而后者,一首《山居吟》,可谓将这一类型者的乡居生活刻画得淋漓尽致:"红莲米,紫莼羹,饭后摩腹东村行。村中有古寺,松竹多纵横。与僧博弈罢,溪阁忽秋声。网三鱼,射三鹜,薪既陈,酒复清,采菱剥藕供先生。不衫复不履,无姓亦无名。如此真率味,休传到市城。……背山临水,门在松阴里,草屋数间而已。土泥墙,窗糊纸,曲床木几,四面摊书史。若问主人谁姓?灌园者陈仲子。"当然,对城市居民来说,去乡村建园林者毕竟是少数人,多数人只能在城内因地制宜,修建大大小小的园林,三吴城中,尤其如此。

江南园林的发展,与明代政局的变化也是很有关系的。明中叶后,宦官进一步专权,党争激烈,明末的阉党、东林党更是互为水火,闹得沸沸扬扬,直至明亡。急剧变化的政局、锦衣卫的横行,以及忠臣良将不断遭迫害、受株连,使不少正直之士在政治上失去安全感,感到"闹哄哄你方唱罢我登场",前程似茫茫苦海,心灰意冷,从而挂冠避祸,高卧林下,宦囊丰裕者造园林以享天年,便蔚成风气。韩邦靖的《山坡羊》,屠隆的《渔阳鼓》、《逍遥令》,可谓生动地刻画出这部分人的心态。

肯排山,南山北偃。肯倒海,东海西翻。我如今心儿里不紧,意儿里有些懒。如今一个个平步里上青天,一个个日日近龙颜。青山绿水且让我闲游玩。明月清风,你要忙时我要闲。严潭,我会钓鱼,谁不会把竿? 陈抟,你会睡时,谁不会眠?

(《山坡羊》)

俺少时,也有偌大的志量:秉精忠,立庙廊,奋雄威,出战场,去擎天捧日,做玉柱金梁……今日里,是天涯风波饱尝,心儿灰冷鬓儿苍。因此上散漫文章,卷起锋芒,结束田庄。急收回一斗英雄泪,打叠起千秋烈士肠……

(《渔阳鼓》)

挂冠归去谢君王,脱朝衣,把布袍穿上。荷犁锄,掷手板腰章。今日九重丹凤阙,明朝千顷白鸥乡。满西湖,荷花正香。望东海,月轮初上。曲岸横塘,画桥兰桨,只此处尽可容得疏狂。

(《逍遥令》)

陈眉公辑的韵语、联语,也不乏类似的作品。如:"献策金门苦未收,归心日夜水东流。扁舟载得愁千斛,闻说君王不税愁。""世事不堪评,拔卷神游千古上,尘氛应可却,闭门心在万山中。"在这种思潮支配下,与"林下何曾见一人"相反,出现了"林下所见何其多"的局面。也有人认为,只有身在林泉,才能洞察世态:"山居观世态纷纭,历历如睹,在中朝混揉未必然,盖旁观者明,自古如此。"正德、天启时,挂冠避祸、建园林自娱者,更是盛况空前。张燧载谓:"正德间朝官有罪,辄命锦衣卫官校擒拿……朝列清班,暮幽污狱,刚气由此折尽,或又暮脱污狱,朝列清班,解下拘挛,便披冠带,使武夫悍卒指之曰:某也吾辱之矣,某也吾将辱之矣,小人遂无忌惮,君子遂昧良心,豪杰所以多山林之思。"昆山顾潜,曾任山西道监察御史等职,"逆瑾当道……眈眈侧目于公……去其官,公归,即舍南凿池叠山……所谓展桂堂者也,延宾觞奕,娱养情性"。魏忠贤把持朝政,搞得天下一塌糊涂、民不聊生时,李长蘅见"魏珰窃柄,毒流正人……乃于园中复凿曲沼,开清轩,通修廊,裁河灌木,盖将终老焉"。

神州自古皆锦绣,山河无处不生春。园林自非江南有,但是,明代江南园林的特点,是值得人们刮目相看的。

（一）江南文化的结晶

我国当代著名园林专家陈从周教授说:"中国园林是由建筑、山水、花木等组合而成的一个综合艺术品,富有诗情画意。"明代江南园林不仅充分体现了这一特色,而且像一面镜子,清楚地反映出江南文化的特征。我国山水画,素有南北派之分,南派山水画,恬淡悠远,如王维之诗画,画中有诗,诗中有画。明代江南的一些著名园林,正是体现了这种幽雅的艺术境界。让我们一睹"山曲小房"的风采吧:"入园窈窕幽径,绿玉万竿。中汇涧水为曲池,环池竹树,云石其后。平冈逶迤,古松鳞鬣,松下皆灌丛杂木,茑萝骈织,亭榭翼然。夜半鹤唳清远,恍如宿花坞间。闻哀猿啼啸,嘹呖惊霜,初不辨其为城市为山林也。"这样美的小

园,使人想起"小园香径独徘徊"的意境。让我们再来看一看明末祁家傍山而建的花园:

> 园尽有山之三面,其下平田十余亩,水石半之,室庐与花木半之。为堂者二,为亭者三,为廊者四,为亭与阁者二,为堤者三,其他轩与斋类,而幽敞各极其致。居与庵类,而纡广不一,其形室与山房类,而高下分标其胜。与夫为桥、为榭、为径、为峰,参差点缀,委折波澜。大抵虚者实之,实者虚之;聚者散之,散者聚之;险者夷之,夷者险之。如良医之治病,攻补互投;如良将之治兵,奇正并用;如名手作画,不使一笔不灵;如名流作文,不使一语不韵。此开园之营构也。

显然,此园体现了园主祁彪佳深厚的美学功底、高超的艺术匠心。建园之前,其胸中早已造起一座青山隐隐、春水吹皱、花木扶疏、亭榭翼然且充满江南山水情致的园林。值得一提的是,有些名园的主人,本身就是著名的画家、诗人,其园林的设计者就是他们自己,难怪园中充满了诗情画意。如嘉靖时吴兴的俞子清,有人评论他家花园的假山秀拔有趣,堪称奇绝。何以故?"盖子清胸中自有丘壑,又善画,故能心匠之。大小凡百余,高者至二三丈,皆不事饾饤,而犀株二树,参列旁午,俨为群玉之圃,奇奇怪怪,不可名状……于众峰之间,萦回曲涧,瓮以五色小石,旁引清流,激石高下,使之有声,淙淙然下注大石潭上……潭中多畜文龟、斑鱼,夜月下照,光景零乱,如穷山绝谷同也。"凡此无不表明,园中的一石一木,都是置于特定的美学氛围中,与月光、游鱼、水声等,构成了统一和谐的艺术整体。明代江南人文荟

145

萃,文化繁荣,冠于海内。有这样高水平的文化素养,才会出现这样高水平的园林。明末吴县人计成撰有《园冶》一书,这是至今仍蜚声中外的园林史上的经典著作,而计成在少年时代,便以善画名闻乡里,并最爱古代画家关仝、荆浩的笔意,此外,他的诗作也颇具功力。唯其如此,他才能成为造园专家,并写出《园冶》这部名著。

（二）商品化色彩

园林乃风花雪月之地、筑园者享林泉之福的憩休之所,园中所植主要是花草,除供主人、客人观赏外,不投放市场。但明中叶后,在蓬勃发展的商品经济的刺激下,江南的某些园林,与农业生产相结合,种植经济作物,甚至养鹅鸭、畜鱼数万头,有的产品还投放市场。如上海豫园,即种有西瓜、枣、桃、柿、樱桃、橘、李、梅、香橼等,池内养了不少鱼,部分产品至市场出售,这在豫园主人潘允端的稿本《玉华堂日记》中有清楚的记载。又如祁氏豳圃,在"让鸥池之南,有余地焉……以五之三种桑,其二种梨橘桃李杏栗之属……于树下栽紫茄、白豆、甘瓜、罂粟。又从海外得红薯异种,每一本可植二三亩,每亩可收得薯一二车,以代粒,足果百人腹"。又如晚明绍兴的快园,"园在龙山后麓……开门见山,开牖见水,前有园,地皆沃壤,高畦多植果木。公旦在日,笋橘梅杏,梨楂菘蕨,闭门成市,池广十亩,鲦鱼鱼肥。有桑百株,桃李数十树,收其直,日可得耘老一叉钱。春时煮箬龙以解馋,培木奴以佐绢,相时度地,井井有条"。万历时震泽镇西三里许的桃花园,"有桃园十亩,中坎小池,外环幽竹,春时花光灿照两岸……风流胜地,足继名贤"。如水蜜桃,明末"独上海有之,而顾尚书西园所出尤佳,其味不亚于生荔枝"。明末常熟瞿式耜的东皋园,"中有池数亩,畜鱼万头……鱼之大者,长至四五

146

尺。每岁春秋二时,辄以空心馒头投之池中,鱼竞吞之,有跃起如人立者,于是置酒池上,招客观之,谓之赏鱼"。至清初,瞿式耜抗清失败,在桂林殉国后,其家道中落,"遂大集渔人,为竭泽之举,所获鱼不下千石,吴中鱼价为之顿减"。虽然这些鱼投入市场是在清初,而不是在明代,但于此也不难想见明末瞿氏东皋园中养鱼的规模。凡此种种都表明,明代江南的一些园林出现了生产化的苗头,园中的部分产品成了商品。尽管在江南园林中,这种生产化、商品化的倾向毕竟是次要的、微弱的,但仍然值得我们重视。

(三)园与庄的结合

也可称为村庄园林化,或园林村庄化。苏州的东庄便是典型。该庄原为吴孟融所建,内有十景,其孙吴奕又增建看云、临者二亭。

东庄不仅是风景如画的园林,也是稻麦、竹园、桑园、果园、菜园、藕塘齐备的田庄。这也进一步证实了前述园林生产化的现象是客观存在的。东庄历时甚久,而且地处闹市,影响深远。当时的一些诗人、画家,经常在东庄流连忘返,写下了赞誉此庄的优美诗句。如刘大夏诗:"吴下园林赛洛阳,百年今独见东庄。"李士实诗:"小庄随意作经营,园漫分蔬地漫耕。流水声中看杖倚,人家丛里有舟行。市廛咫尺疑无路,林壑分明不出城。"沈周诗:"东庄水木有清辉,地静人间与世违。瓜圃熟时供路渴,稻畦熟后问邻饥。"这些诗句,如实地记录了东庄的良辰美景、田园风光。明末祁氏的丰庄,也是庄园结合的产物。宣德年间的乐圃,杜堮所建,内有十景之盛,其实也是一座园林化的村庄。时人曾有诗记曰:"桃花来林馆,宛似武陵溪。醉后抛书枕,梦回闻鸟啼。水光孤墅外,山色小桥西。""竹影云连榻,杨花雪点巾。开池养鹅鸭，不使恼比邻。"

如前所述，明代江南园林是明代江南高度发展的经济、文化的产物，而园林的发展，又有力地促进了江南经济、文化的发展。

在经济上，出现了"花园子""石农"之类的专业户，推动了商品经济的发展。时人载谓："至今吴中富豪，竞以湖石筑峙，奇峰阴洞，至诸贵占据名岛，以凿琢而嵌空妙绝，珍花异木，错映阑圃，虽闾阎下户，亦饰小小盆岛为玩……而朱勔子孙居虎丘之麓，尚以种艺垒山为业，游于王侯之门，俗呼为'花园子'。其贫者岁时担花鬻于吴城，而桑麻之事衰矣。"园林离不开假山，而假山离不开石头，选用何种石头大有讲究。太仓王世贞建弇州园时"石高者三丈许，至毁城门而入"。当时的造园者认为，"太湖、武康、英德之石，叠山为胜"。关于武康石，时人也有详细的记载："武康石色黑而润，文如波浪，人家园池叠假山，以此为奇，大至寻丈者绝少。武康县今属湖州，山溪间多产此石……其品格颇多，惟叠雪者为甲。横文叠起为褶，有黑白层叠相间者，有白石作腰带围者，曰玉带流水，其文皆竖，麻衣如人衣麻之状。锦犀，红黄色相间成文。虎皮，大文园嵌作黄黑色。麻皮，如画家麻皮皴。海石，苍黑色画作矾头纹。鬼面色，纹突出而狞狼，有透漏如太湖石，谓之湖石。"但是，看来被视为珍品、最受欢迎的石头，还是太湖石，经过加工后，天趣盎然。计成在《园冶》卷三中指出洞庭山消夏湾所产的太湖石最佳，"性坚而润""装治假山，罗列园林广榭中，颇多伟观也"。还有人记载说："太湖石玲珑可爱，凡造园林者所需（按：原文为'须'），不惜重价也。湖傍居民，取石凿孔，置波浪冲激处，久之斧斤痕画化，遂得天趣。实则瘦、皱、透三者，皆出于人工，以售善价，谓之种石，其人可称种石农。"种田、种花、种树之类自古有之，种石户的出现则前无古人,这完全是园林大兴的产物。正是在此基础上,出现了垒石专家,亦即堆假山的圣手,据袁宏道《袁中郎先生全集》卷十四《园亭纪略》载,苏州城内卿园的假山是周时臣垒的,高三丈,宽二十丈,"玲珑峭削,如一幅山水横披画,了无断续痕迹,真妙手也"。在明末清初,更产生了以张南垣为代表的垒石名家。园林的发展,还促进了农业生产中园艺式的经营,提高了土地利用率。如嘉靖时何良俊在城郊购地五亩,"以一亩凿方池,畜鱼数百头为循行地;以二亩稍劣,列莳诸蔬。池上植枸杞数十本,每晨起,乘露气手摘枸杞苗与园蔬作供"。这就是苏州人俗称的"刨园"。园林吸引人的原因之一,是园中有各种花卉争奇斗艳。江南园林的发展,无疑促进了花卉的栽培技术,包括向海外引进新的品种。陆深载谓:"世传花卉,凡以海名者,皆从海外来……予家海上,园亭中喜种杂花,最佳者为海棠,每欲取名花填小词,使童歌之,有海红花、海榴花……"

园林不仅是文人雅集、吟诗作画的所在,某些名园还是戏剧活动的中心。上海豫园内即经常有松江、苏州、浙江、安徽等地的剧团演出,昆山腔、弋阳腔并行不悖,园内管弦之声常年不绝于耳,而大放异彩的昆山腔更是"众皆称美"。显然,江南园林促进了封建文化的繁荣。还应当指出的是,江南园林给小说、戏剧、诗歌、绘图等创作提供了丰富的素材,以戏剧而论,语曰:公子落难后花园,金榜题名大团圆。这固然反映了明代以来某些戏曲创作的公式化倾向,但也充分显示了花园在戏曲作品中的重要位置。而汤显祖通过美丽、善良、多情的艺术形象杜丽娘之口唱出的"原来姹紫嫣红开遍,似这般都付与断井颓垣。良辰美景奈何天,赏心乐事谁家院!……朝飞暮卷,云霞翠轩,雨丝风片,烟波画船……"更不失为描写明代江南园林的绝妙赞歌,称得上是千古绝唱。

"花无百日红",明代江南园林的命运也是这样。有的园主担心自己死后子孙不能守,预先立下遗嘱,说后代鬻园者"非吾子孙也,以一树一石与人者非佳也"。但是,使绝大多数造园者感到悲哀的是,身后是非谁管得,园林旦夕易他人。纵观明代江南园林的历史进程,可以明显地看出一个大趋势:速兴速衰。以松江地区而论,吴履云说:"近世士大夫解组之后,精神大半费于宅第园林,穷工极丽,不遗余力。然未有能享长久者,非他人入室,则鞠为茂草耳。"王畯引《松志小序》说:"郡内外第宅园林,雕峻诡壮,力穷而止。有秉烛一览,肩舆一登,而终身不得住者,又有俄转眼而易姓,俄百年而易为蔓草寒烟者……今志书所存,譬之帘前燕泥,雪中鸿爪而已。"吴兴多名园,但到嘉靖中叶,有人去游览,竟已看不到"一花一石之处"。面对这种"落红如海共春归,江南园林逝如烟"的凄凉景象,不少文人曾发出无穷的浩叹。借用金朝作家写的《俏秀才》的曲子来刻画他们的心声,也许是最确当不过了:"有一等人造花园磨砖砌瓮,有一等人盖亭馆雕梁画斗,费尽功夫得成就。今日做了张家地,明朝做了李家楼,刚一似翻手覆手!"甚至有的绅宦发誓"不盖造花园",列为准则,是"绅宦三十六善"中的信条之一。这未免是伤心悟道之余,因噎废食了。

明代江南园林的大起大落绝非偶然。从根本上说,这是封建社会末世土地兼并加剧、阶级关系变动迅速、财产再分配步伐加快的反映。先秦时代,"君子之泽,五世而斩"。在明代,特别是明中叶后,不少乡绅是二世而斩,甚至一世就完了。永嘉黄淮子孙,竟鬻其神道碑,"谓买者曰:汝买去,可解薄用之"。松江有位黄翰,盖起朱楼,可是"不数十年,宅基已为人挑毁矣"。土

150

地所有权转移如此之快,再加上粮差之重,不堪负担,以致早在弘治时,常熟的桑民怪见人置田产,便写打油诗加以嘲笑:"广买田产真可爱,粮长解头专等待。转眼过来三四年,挑在担头无人买。"何元朗世居柘林,是著名的江南文人,有良田、美宅、园林,但他死后,曾几何时,其后代已一贫如洗,卖身为奴,穷愁潦倒至极,竟丧心病狂地挖开何元朗夫妇的坟墓,揭开棺木,寻觅金银器,"欣然满载归"。对于吴中地区财产的再分配趋势,有人曾这样写道:"吾观吴中大家巨室,袭有祖父遗业……盖未一再传而败其家者多矣。"明代江南园林,除了杭州西湖的苏堤、白堤、三潭印月及官邸的后花园外,都是私人财产。既然财产的再分配是如此之快,随着第一代园主的去世,往往人亡园废,也就是势所必然的了。

当然,对明代江南园林的历史命运来说,明朝灭亡后,清兵南下,不能不是一大劫难。正如曾羽王《乙酉笔记》所记述的那样:"乡绅之楼台亭榭,尽属荒丘……所谓锦绣江南……及遭残毁,昔日繁华,已减十分之七。"以西湖的园林而论,铁蹄过后,"如涌金门商氏之楼外楼、祁氏之偶居、钱氏余氏之别墅及余家寄园一带湖庄,仅存瓦砾……及至断桥一望,凡昔日之弱柳夭桃、歌楼舞榭,如洪水湮没,百不存一矣"。在震泽,明代园林也是"其废者盖十之九"。生于明末、卒于清初的叶梦珠,曾不胜感慨地写道:"余幼犹见郡邑之盛,甲第入云,名园错综,交衢比屋……一旦遭逢兵火,始而劫尽飞灰,继之列营牧马,昔年歌舞之地,皆化为荆榛瓦砾之场。间或仅存百一……王谢堂前多非旧时燕子。"明遗民、诗人费经虞写过一首题为《江南过人家旧园》的诗,谓:"寒泉老树好人家,漠漠荒垣带残沙。断壁尚存当日赋,满园不是去年花。伤心短笛声何苦,侧月飞鸢影尽斜。使我重来见荆杞,那堪良夜听悲箎。"这是对被战火焚毁的江南园林的悲愤挽歌。事实上,园林遭厄,也不仅仅是因为战火。清初中央王朝对江南在经济上严加控制,追比欠赋,使不少缙绅倾家荡产,所属园林也就成了夕阳残照、荒烟衰草。如松江顾园,建于明,"至顺治之季,反因义田逋赋,毁家卖宅以偿。堂宇尽废,而山水桥梁犹如故也。康熙之初,积逋愈甚,征输益严,遂并花石而弃之"。这是园主连做梦也不会想到的。

中国封建社会的文化,在很大程度上属于消费性文化。明代江南园林的性质,自然也不会例外。那些园林的主人中,多数人为造园几乎把自己的腰包掏空。上海潘允端修豫园历时十八载,倾囊尽资;绍兴祁彪佳建园时,"摸索床头金尽,略有懊丧意,及于抵山盘旋,则购石庀材,犹怪其少,以故两年以来,囊中如洗"。造一座园林所花的钱,数目是很大的。仅一个假山,"土石毕具之外,倩一妙手作之,及异筑之费,非千金不可"。

整个园林耗资之巨,也就可想而知。无怪乎谢国桢教授生前常说,明代资本主义萌芽之所以生长缓慢,是因为商业资本全漏到园林中去了,消耗殆尽。这个看法未必精确,但用以说明江南园林费资之多,以及对历史进程所起的消极作用,则仍是发人深思的。

尽管如此,明代江南园林仍不失为中国文化史上的明珠,其勃兴不仅对明代经济、政治、文化产生了很大影响,而且影响后世。今天,我们不管是面对史书,卧游美如梦境的明代江南园林,还是在明代园林风貌犹存的苏州拙政园、留园、西园等园内饱餐芳园秀色,沉醉在绿亭朱栏、花香鸟语之中,遥想几百年前的明朝先辈——园林的主人和筑园的工匠、花匠,他们建园时的苦心经营、胼手胝足,是值得后人追念的。前辈风流,前辈辛劳,虽百世之下的子孙,都不应该忘却。而明代江南园林的艺术风格以及庄园结合、城市山林化和在市内建造园林要"多栽树,少建屋"等历史经验,对于我们今天的园林建设、绿化事业,都有直接的参考价值。

"黑漆漆装下了陷人坑,响当当直说出瞒天谎"——明朝流氓与流氓意识

一般说来,流氓是游民阶层的产物,随着城市经济的发展,流氓的队伍会不断扩大。这是因为,一方面,部分游民进入城市,无正当职业,只能以歪门邪道糊口;另一方面,城居地主、权贵的增多,使某些爪牙、鹰犬之流,背后有了靠山。以明代而论,流氓闹得凶的,是成化以后,嘉靖、万历时期更是猖獗一时。这正与明代社会经济的发展如影随形。成化以后出现了一大批城镇,嘉靖、万历时期,封建的都市经济生活更日趋繁荣。流氓及流氓意识为明代的政治、经济、社会生活打上了很深的烙印。

明代的流氓不仅成群结队,人数众多,而且有他们自己的组织。有的以所纠党徒人数作为绰号名称,如十三太保、三十六天罡、七十二地煞;有的以手中的武器作为绰号,如棒槌、劈柴、槁子等。这些人"犯科扦罔,横行市井""赌博酣酱,告讦打抢,间左言之,六月寒心,城中有之,日暮尘起",真是无所不为,为害一方。近代武侠小说中,经常描写明清时的丐帮,这是有历史依据的。以北京而论,时人曾谓"娼妓多于良家,乞丐多于商贾",仅"五城坊司所辖不啻万人"。这些乞丐,分成若干股,各有活动地盘。南方淮阳的丐帮,则宿于船

中,四出活动。这些乞丐"大抵游手赌博之辈,不事生产",其中的相当一部分人,干着流氓勾当。万历初年,北京城内有个流氓团伙,"结义十弟兄,号称十虎,横行各城地方"。其中的一"虎",叫牛二,与《水浒》中横行街市的"没毛大虫"流氓牛二同名同姓,耐人寻味。这个团伙的头子叫韩朝臣,是锦衣卫的成员。在南方的杭州城内外,流氓"结党联群,内推一人为首",显然也是有组织的。万历年间,苏州还出现了专门打人的流氓组织"打行",又名"撞六市","分列某处某班,肆行强横"。"一人有不逞,则呼类共为抨扶,不残伤人不已。"他们打人有特殊伎俩,或击胸肋,或击腰背、下腹,中伤者各有期限,或三月死,或五月死,或十月死、一年死,"刻期不爽也"。其头目,今天有史可考的,有绰号"一条龙"的胡龙、绰号"地扁蛇"的朱观,"嗜枪如饴,走险若鹜""皆郡中(按:指松江)打行班头也"。在明末清初天下大乱之际,"打行"更是趁乱而起,在江南胡作非为,"小者呼鸡逐犬,大则借交报仇,自四乡以至肘腋间皆是也"。

明代流氓的活动,五花八门,概言之,主要有以下几个方面。

打:动辄无端拳脚相加,甚至使出闷棍,是流氓的家常便饭。如杭州的流氓,一遇到人命案件,就视为奇货,或冒充死者亲属,或强作伪证,横索事主酒食财物,"稍不厌足,公行殴辱,善良被其破家者,俱可指数"。又如明末苏州有个叫陆孙九的人,其妻有文化,字也写得很好,有次偶尔写了一张招租房子的租票,贴在墙上,想不到被几个流氓看见,立即撕下,满嘴下流话。陆孙九愤而找这伙人算账,竟被这些流氓"登门毁器,排闼肆殴"。其妻愤甚,遂自缢死。至于前述"打行",更是赤裸裸地突出一个"打"字的流氓组织。

《金瓶梅》插图中流氓刘二撒泼状

　　抢:在明代的江南,有"假人命,真抢掳"之谣。这是因为一些流氓"平时见有危赢老病之人",藏之密室,然后找巨家富室,为了寻衅挑起争端,将藏于密室者杀死,却反诬是富家所为,打着索要人命、讨还血债的幌子,纠集其党"乌合游手无籍数百人,先至其家,打抢一空,然后鸣之公庭,善良受毒,已非一朝矣"。嘉靖中叶,北京城中的流氓甚至趁俺答入寇、京师危急之际,妄图大肆抢劫。史载:"时京城诸恶少凶徒,往往群聚,言内外文武大臣家积金银数百万,虏即近城,我等放火抢诸大臣家。"

讹：讹诈、耍无赖也。这是小股的、单个活动的流氓经常采用的伎俩。明人小说《西湖二集》卷二十《巧妓佐夫成名》描写南宋故事，实际上反映的是明朝的现实，其中述及杭州的流氓："还有那飞天光棍，装成圈套，坑陷人命，无恶不作，积攒金银。""飞天光棍"这四个字，便使人不难想见他们所干的勾当。再举一个十分典型的例子：有个流氓年终时，无钱过年，其妻急得团团转，问他怎么办。流氓说，我自有办法。刚好看到一位篦头师傅从门前过，便喊他进门理发，硬要这位师傅给自己剃去眉毛，师傅照办，才剃去一边，流氓便大吵大嚷："从来篦头有损人眉毛者乎？"这位师傅害怕见官，只好"以三百钱赔情"，流氓便用这笔钱筹办年货。其妻见他眉毛去一留一，觉得不顺眼，说："我看你不如把眉毛都剃了，还好看些。"流氓置之一笑，说："你没算计了，这一边眉毛，留过元宵节！"更有甚者，有的流氓与其妻串通做成圈套，勾引别人上当，大肆讹诈，名曰"扎火囤"，又名"仙人跳"。

骗：招摇撞骗、拐卖人口，是流氓的惯用手法。晚明有个流氓，自吹是包拯的后代，活了一百几十岁，"曾见阎王，放还"。谈话时，开口闭口说："我吃了王守仁狗骨头的亏，可憾，可憾。"完全是活见鬼。还有人跑到一位名陈嗣初的太史家，自称是宋朝诗人林和靖的十世孙，结果这位太史请他读林和靖的传记，读至"终身不娶，无子"，此人顿时语塞。太史大笑，口占一绝以赠，云："和靖先生不娶妻，如何后代有孙儿。想君别是闲花草，未必孤山梅树枝。"这真是绝妙的讽刺。据明朝人豫章醉月子选辑的《雅俗同观》记述，有卖驱蚊符者，一人买归贴之，而蚊毫不减，往咎卖者，卖者云："定是贴不得法。"问贴于何处，曰："须贴帐子里。"这真是个辛辣的笑话。而卖驱蚊符，这不过是小骗术而已。明末松江有位姓张的乡绅,平素好侠,有个流氓便投其所好,某日找上门去,腰间佩剑,一副侠客模样,手里提着"一囊,血淋淋下滴",煞有介事地对这位姓张的说:"你的大仇我已经报了,囊中就是他的头。"张某欣喜若狂,当场借给他十万缗。可是,此人走后,张某解囊一看,囊中不过是一个猪头而已,此人也就再无踪影。无怪乎时人沈风峰闻而叹曰:"自《易水》之歌止,而海内无侠士千年矣。即有,亦鸡鸣狗盗之徒!"应当看到,这种披着侠客外衣的骗子,是很容易迷惑人的。前述的淮阳丐帮,骗拐幼女,罪恶累累。这伙人"善骗术,果饼内置药,幼儿女食之,哑不能言,即抱入舟,浮舟他去,人不得其踪迹。幼女长大,美者淫之,卖得高价。其丑者或瞎其目,或断其手脚指,教以求丐话行乞焉。乞所得不如数,痛责甚惨"。如此丧尽天良的行径,令人发指。

更须指出的是,流氓染指经济领域,以及流氓意识对商品流通的侵蚀,导致种种欺骗、坑害顾客的行径,迭相发生。如用假银。正德时余姚人孙乙,"以假银去宁波买牛一头",牛主拿了银子去纳官钱,被官府追究伪造银两之罪,"悔恨无及,因自缢死"。又如卖假药。明代杰出的讽刺作家陈铎,在《折桂令·生药铺》中写道:"助医人门面开张,杂类铺排,上品收藏。高价空青,值钱片脑,罕见牛黄。等盘上不依斤两,纸包中哪辨炎凉。病至危亡,加倍还偿。以假充真,有药无方。"还有人曾作讽刺膏药诗谓:"还有一等好膏药,名唤金丝万应膏,其实有功劳:好处贴肿了,肿处贴不消,三日不揭起,烂作一团糟。"金玉其外,败絮其中,漫天要价,不着边际,也是典型的欺诈行为。在苏州,早在嘉靖时期,方志即记载:"市井多机巧……始与交易,必先出其最廉者,久扣之,然后得其真,最下者视最上者为价相什百,而外饰殊不可辨。"再如卖假酒,掺水。明末江西竟有人声称挖出很多陶渊明当年埋下的酒,"香美不可言"。有的奸商,则往酒中掺水。明末有人重抄宋人写的《行香子》一首,辛辣地嘲笑松江出的这种淡酒:"这一壶约重三斤。君还不信,把秤来称,倒有一斤泥,一斤水,一斤瓶。"光禄寺在招待外宾时,也公然"酒多水,而淡薄无味……非唯结怨于外邦,其实有玷于中国"。在南方的名城杭州,"其俗喜作伪,以邀利目前,不顾身后"。早在宋代便风行种种捣鬼术,"如酒搀灰,鸡塞沙,鹅羊吹气,鱼肉贯水,织作刷油粉",在明代,更是歪风愈炽,专以欺骗顾客为能事,以致当时民谚有谓:"杭州风,一把葱,花簇簇,里头空!"

还应当指出,流氓意识渗透到文化领域的恶果,使一些人醉心于弄虚作假,只知道在钱眼里翻跟斗。伪造文物、古董,十分突出。时人记载:"近日山东、陕西、河南、金陵等处伪造鼎彝、壶觚、尊瓶之类,式皆古法,分寸不遗,而花纹款式悉从古器上翻模,亦不甚差。"明末的江南著名文人李日华更指出:"自士大夫搜古以供嗜好,纨绔子弟翕然成风,不吝金帛悬购,而猾贾市丁,任意穿凿,凿空凌虚,几于说梦。昔人所谓李斯狗枷、相如犊鼻,直可笑也。"明中叶后,江南地区竟出现了专门伪造历史、胡编家谱的"作家"。有个叫袁铉的人,"绩学多藏书",但却是个穷光蛋。为了发财,他在苏州专门给人编族谱,"研究汉、唐、宋、元以来显者,为其所自出。凡富者家有一谱,其先莫不由侯王将相而来,历代封谥诰敕、名人序文具在。初见之甚信,徐考之,乃多铉膺作者。"这样捏造历史,实在是强奸历史,在史料里埋下无数钉子。明末,江南还出现了以招摇撞骗为啖饭之道的"神童"。当时,专门有人教儿童写大字,背几首诗,其他皆茫然不知,然后到处打着神童的旗号,所谓写字作诗,出入官府,官员夸上几句,就成了逢人便炫耀的资本,身价也就高了起来,以至"累月而至千金"。无怪乎明末思想家黄宗羲把这些神童列为晚明社会病态的"七怪"之一,痛斥上述教育法是"以教胡孙禽虫之法,教其童子,使之作伪,将奚事而不伪"。

上述流氓的横行、流氓意识的侵蚀,对社会的危害是不容低估的。但是,对明朝社会危害更严重的,是明朝政治的流氓化。清代著名史学家赵翼曾谓:"盖明祖一人,圣贤、豪杰、盗贼之性,实兼而有之者也。"其实,从更准确的意义上说,朱元璋是圣贤、豪杰、流氓之性兼而有之。朱元璋早在坐上大明帝国第一把交椅之前,就以曾拿儒生的帽子撒尿、登上大宝后即屠戮"功狗"、颇有些流氓气的汉高祖刘邦为效法的楷模。但仅就流氓气而论,朱元璋比起刘邦来,实在是更胜一筹。

不讲信义、翻脸不认账、心狠手辣,是所有流氓特别是政治流氓的本性。屠杀、迫害当年打江山时与自己生死与共、赴汤蹈火的功臣宿将,是这种流氓本性的大暴露。刘邦杀功臣,主要杀了韩信、彭越,而朱元璋则先后制造胡惟庸、蓝玉大狱,胡狱族诛至3万余人,蓝狱诛至1.5万余人,功臣几乎一网打尽。这种史无前例的滥杀屠戮的行径,正如赵翼所指出的那样:"……明祖,借诸功臣以取天下,及天下既定,即尽举取天下之人而尽杀之,其残忍实千古所未有……"

给知识分子挂黑牌,更是朱元璋的一大发明。

上行下效。朱元璋的某些子孙,也就是藩王,也是一副流氓、无赖的嘴脸。早在洪武初年,封在山西不久的晋王朱棡,即威逼民间子女入宫,不中意者打死,烧成灰,送出宫外;对宫女滥施酷刑,有的被割掉舌头,有的被五花大绑,埋于雪中,活活冻死;将七至十岁的幼男阉割一百五十多名,未待伤痕愈合,就令人运到府内,致使多名幼童死亡。崇祯末年,南昌宁藩的恶少,更"辄结凶党数十人,各为群,白昼捉人子弟于市,或剥取人衣,或相牵讦讼破人产,行人不敢过其门巷,百姓相命曰鏖神"。显然,这些人已完全堕落成有组织、有计划为非作歹的流氓团伙。

明代政治流氓化的另一个重要表现,是动辄在堂堂的金銮殿里以棍子殴打大臣,这就是所谓"廷杖"。诚然,廷杖前朝也曾出现,但明朝却把这种侮辱大臣人格的酷刑发展到登峰造极的地步,从朱元璋到朱由检,被打得屁股血肉横飞(有的人当场毙命)的大臣们的凄厉呼号声不绝于耳,从正德时起,更规定大臣被廷杖时,必须脱去衣服,有些大臣因此调治几个月还起不了床,有的落下终身残疾。就此而论,明朝可谓以廷杖始,也以廷杖终。

明代政治流氓化导致了严重后果,其中最值得注意的即为流氓政治化。如臭名昭著的宦官魏忠贤,年轻时本来就是肃宁县吃喝嫖赌样样来、成天与一帮无赖鬼混的流氓,后来赌输了大钱,还不起,走投无路,才自行阉割,进宫当了太监。但正是这样的流氓无赖,却在天启年间掌握了国家大权,专权乱政,称"九千九百岁",激化了各种社会矛盾,加速了明王朝的崩溃。

江湖隐语知多少

明人田汝成《西湖游览志余》卷二十五载谓:"《辍耕录》言:杭州人好为隐语,以欺外方,如物不坚致曰憨大,暗换易物曰搊包儿,粗蠢人曰朴子,朴实曰艮头。"

这些隐语对社会生活产生过广泛的影响。各省地讳的出现,可谓典型的例证。不少人在日常交谈中,称畿辅曰响马,陕

161

西曰豹，山西曰瓜，山东曰胯，河南曰驴，江南曰蟹，浙及徽州曰盐豆，浙又曰呆，江西曰腊鸡，福建曰癞，四川曰鼠，湖广曰干鱼，两广曰蛇，云贵曰象。奇怪的是，当时人说到自己籍贯时，"各以讳相嘲"，如攻击四川人是耗子（今日仍流行此语）、福建人是癞子等等，实在不雅，但仍旧风行天下，真是不可思议。有些食品也被冠以隐语，最有趣的是称熏猪耳朵为俏冤家，不知从何说起，真让人忍俊不禁。

读过《水浒传》的人，都不会忘记十字坡下开人肉馒头店的母夜叉孙二娘语录："由你奸似鬼，吃了老娘洗脚水。"此"洗脚水"不是别的，正是蒙汗药，是典型的江湖黑话。《水浒》名人鲁智深，见友人时，常常"翦拂"，这也是句黑话，即下拜之义。近读《江湖切要》，其中明清黑话几乎无所不包，且令人神鬼莫测，颇感惊异。此书是清初康熙五十二年（1713）自称"八闽后学东海卓亭子"的人记录并订正的，当时有未付梓，不得而知。我见到的，是清末光绪十牛吟杏山馆刻本的晒蓝本。开卷有诗，曰："我家田地在江湖，不用耕兮不用锄。说话未完苗已秀，再谈几句便收租。"寥寥四句，不啻是江湖宣言。细读全书，大部分是流行于明朝的江湖黑话，少部分是清初黑话。凡天文、地理、时令、官职、亲戚、人物、店铺、工匠、经纪、医药、星卜、倡优、乞丐、盗贼、释道、身体、宫室、器用、文具、武备、乐律、舟器、章服、饮馔、珍宝、数礼、草木、五谷、百果、鸟兽、虫鱼、疾病、死生、人事等，无不黑话连篇。值得注意的是，江湖上称猪头曰纱帽，这不能说不是对官老爷的莫大讽刺，当然，我们也必须看到，黑社会原本就是蔑视公权、法纪的。

我们在阅读某些近代武侠小说时，常常对其中的江湖黑话感到惊异。实际上，较诸明代以来在社会上流传的江湖黑话，武侠小说所描绘的,不过是一小部分而已。

"只有嫦娥未嫁人"——拉郎配

(一) 十个秀女要一个寡妇押送

地方戏中有两出戏叫《拉郎配》《乔老爷上轿》,后者曾改编成电影,由著名喜剧影星韩非主演,轰动一时。两出戏的故事情节大同小异,都是说明朝抢新郎的故事,波澜迭起,妙趣横生。抢新郎的故事,在明人小说中有所描述。如凌濛初《初刻拍案惊奇》卷十《韩秀才乘乱聘娇妻》写道:"嘉靖登基,年方十五岁,妙选良家子女,充实掖庭。朝廷要到各处点秀女。愚民相信,一时间嫁女儿,讨媳妇,慌慌张张,不成体统。最可笑还传说十个秀女要一个寡妇押送,赶得那七老八十的都起身嫁人去了。但见十三四的男儿,讨着二十四五的女子;十二三的女子,嫁着三四十的男儿。"又如明清之际的小说《生剪绡》第八回谓:"天启传旨,遍选宫人,以成大婚盛典。江南一带,部文未到,婚的婚,嫁的嫁,含香豆蔻,一霎时都做了病蕊残花。"这些描绘,勾画出明代选秀虐政导致的民间惊恐状,今人视之,未免好笑。

上述小说的描写,并非向壁虚构、凿空之谈。其实,历史文献均有记载,对抢新郎现象的由来,民间的沸沸扬扬、鸡飞狗跳、悲喜剧交织、社会动荡,比小说更具体,更深刻,读来真让人感慨不已。清代著名史学家赵翼指出:"明祖之制,凡王子亲王之后、妃、宫嫔,慎选良家女为之,进者弗受,故妃后多采之民间……故每新君登极,有选秀女之谣。"明中叶后,不少帝王荒淫无度,选秀不断,民间风闻后,不管消息真假,立刻奔走相告,乱成一团。明人的《崔鸣吾纪事》载谓:"隆庆戊辰(1568)春正月,民间相传上遣内官某选浙直美女入御，无闻官吏军民之家，敢有隐匿不赴选者，罪；邻里知而不举首者，同罪。于是有女者急于求售，年资长幼，家世贵贱，皆所不论。自京口（按：今镇江市）至苏、松、嘉、湖诸郡旬日间无分妍媸，婚配殆尽……是举也，受聘之女，不及成礼而婚，在贫者亦称便。至未尝许聘者，往往配匪其伦，终身怨怼，悔靡及焉。"所谓"不及成礼而婚，在贫者亦称便"，对于无钱办婚礼或嫁妆者，草草了却心头事，从此花月两相随，也许不失为是一幕喜剧，但不分美丑、年龄大小，仓促结下秦晋之好的结果，是好不了多久的，多数成为悲剧，尤其是随便拉一个新郎，几乎与抢无异，盲目婚配，哪里有良辰美景、蜜意绸缪可言？

（二）锡工夜娶富家女

时人田艺蘅记载："一富家偶雇一锡工在家造镴器，至夜半，有女不得其配，又不敢出门择人，乃呼锡工曰：'急起！急起！可成亲也。'锡工睡梦中茫然无知，及起而摹搓两眼，堂前灯烛辉煌，主翁之女已艳装待聘矣，大出不意。"田氏还进而记述："千里鼎沸，无问大小、长幼、美恶、贫富，以出门得偶郎为大幸，虽山谷村落偏僻，士大夫诗礼之家，亦皆不免。"你看，以"出门得偶郎为大幸"，结果只能是一个：得不到便抢，而抢到的，往往只能是"捡起黄瓜当拐杖"，滥竽充数，时过境迁，肯定悔之晚矣。关于抢新郎，明清之际的吴履云的记载更直白："隆庆三年（1569）己巳春正月，民间讹传……索江南女子入宫……男女婚定者，自九岁以上忙促嫁娶，未婚室者曲其子女于通衢，任当婚者掠娶，贫贱不计焉。""掠娶"二字告诉我们，当时的抢新郎之风，已闹到了何等严重的地步。

天启年间的"拉郎配"之风，比起隆庆年间，有过之而无不及。崇祯时的叶绍袁载谓："天启元年（1621）……二月间，苏城讹传点选淑女,凡民家处女自十岁以上者,争先择配……举国若狂,殊可骇可笑。后以所配多非其人,有致讼致死者。"

明朝灭亡后,作为一种不肯离去的历史阴魂,"拉郎配"又拉到了南明弘光小朝廷的朱由崧王朝。人称"蛤蟆天子"的福王朱由崧,在江南的残山剩水间,唯以荒淫为能事,"中使四出搜巷,凡有女之家,黄纸贴额,持之而去,闾井骚然"。在嘉兴、绍兴等地,民间闻讯后,"嫁娶几尽,久未竣"。顺治四年(1647),江南讹传选女入宫,有女家惊惶失措,年幼婚配,朝说暮成,有诗云:"一封丹诏语未真,三杯淡酒便成亲。夜来月明楼头望,只有嫦娥未嫁人。"

此风一直吹到江北,使小民惶惶不可终日。数年前,与盐城友人周梦庄老前辈聊天,他告诉我道光时邑人陶性坚编的《射州文存》,载有盐城拉郎配史料。不才后来翻检此书,果然看到这条记载。有位尚老夫子,听到采选之谣,赶紧觅婿嫁女,"遍视各垫子弟",最后找了一位比他女儿小四岁的宋公子成亲,与清初著名遗民、书法家宋曹成为儿女亲家。盐城乃海隅穷邑,颇闭塞,竟也受到影响,他处可想而知。其后,康熙三十一年(1692)、三十八年(1699),都发生过类似事件,民间骚然,与往昔无异。

(三)故国三千里,深宫二十年

也许有读者要问:民间何以对选秀怕到这种程度?倘被选入宫,岂不是进了人间神仙府,在帝王家锦衣玉食,享尽洪福?明朝隆庆年间有位陆君相先生,一方面,他能众醉独醒,不信流言,不肯将女儿匆匆随便嫁人;另一方面,又说:"万一吾女与选,何福胜哉!吾当亲送入宫耳。"从此话看来,此公仍未免天真,对紫禁城内妃子、宫女的命运,缺乏了解。"故国三千里,深宫二十年。一声河满子,双泪落君前。"这首著名的唐诗《河满子》,道尽了在插翅难飞的宫墙内,嫔妃、宫女的不幸与哀怨。在森严的封建等级制下,头上闪耀着君权神授光环的皇帝,随时可以废黜、处死妃子,视宫女为奴隶。明朝直到成化以前,宫女还要在皇帝死后殉葬。老了,仍不准出宫,送到浣衣局去。一旦归天,则草草火化,骨灰抛到荒郊野外的"宫人斜"的旱井中,真是命同草芥。浙江乌程的一位小姐,"入宫为女官",在所作宫怨诗中写道:"一自承恩入帝畿,难将寸草报春晖。……银烛烧残空有泪,玉钗敲断恨无归。"其寂寞、凄清,可见一斑。也唯其如此,有的宫女竟不惜冒死尝试逃出宫外。万历年间有个叫卢天寿的宫女,就曾经在一位太监的帮助下,女扮男装,腰悬出入宫门的凭证牙牌,侥幸逃出宫,但出城后,仍被发现抓回。同时,我们还必须看到,选秀时贪官污吏借机向百姓敲诈,鱼肉乡里,这也是小民畏如虎狼的一个重要原因。万历时的大学士沈一贯,在《观选淑女》诗中,悲愤地揭露道:"……父母长跪兄嫂哭,愿奉千金从吏赎。纷纷宝马与香车,道旁洒泪成长渠。人间天上隔星汉,天上岂是神仙居。吁嗟,天上岂是神仙居!"

在历史上,为抢新郎现象唱赞歌者,也大有人在。清初文人叶梦珠的言论,最为典型:"婚嫁者因此尽削繁文,亦便民之事。故当事者不禁,亦圣人从俭之意也。"不可否认,在抢新郎的特殊期间,匆忙嫁娶,对传统婚礼的繁文缛节是一种冲击,咸称方便;也有少数穷汉,侥幸进到温柔乡,一枕巫山梦,堪称是喜剧。但是,此皆不得已而为之,从总体看,这种现象违背人性,破坏文化传统,实在是个悲剧。而由此引起的物价飞涨,特别是"鱼肉果品之类,一时腾贵,十倍于年日",时人曾惊呼:"使物价常常如此,人何以堪乎!"结果,倒霉的还是蚩蚩小民。

蒙汗药之谜

"那妇人那曾去切肉？只虚转一遭，便出来拍手叫道：'倒也！倒也！'那两个公人只见天旋地转，噤了口，望后扑地便倒。……只听得笑道：'着了！由你奸似鬼，吃了老娘洗脚水！'"这是我国古典小说《水浒传》中"母夜叉孟州道卖药酒"里的一段故事。这位自称老娘的，就是绰号"母夜叉"的孙二娘；她沾沾自喜的"洗脚水"，不是别的，正是我们在《水浒传》和其他一些古典小说中常常见到的蒙汗药。你看，押送武松的那两个公人，吃了孙二娘下了蒙汗药的酒，顷刻间便被麻醉得似死猪一般了。

遥忆童年，读了《水浒传》这段故事，不禁对如此神奇的"洗脚水"，在大为惊叹之余，浮想联翩：世界上到底有没有这种药？它是什么药物组成的呢？这一直是我的心头之谜。后来才知道古人对蒙汗药早就有过怀疑、研究，力图解开其谜底。

史籍中对蒙汗药一词，早有记载。明中叶郎瑛写道："小说家尝言：蒙汗药人食之昏腾麻死，后复有药解活，予则以为妄也。昨读周草窗《癸辛杂志》云，回回国有药名押不庐者，土人采之，每以少许磨酒饮人，则通身麻痹而死，至三日少以别药投之即活，御院中亦储之，以备不虞。又《齐东野语》亦载，草乌末同一草食之即死，三日后亦活也。又《桂海虞衡志》载，曼陀罗花，盗采花为末，置人饮食中，即皆醉也。据是，则蒙汗药非妄。"这里，郎瑛虽然未能指出蒙汗药到底是何物，但他根据史籍，举出押不庐、草乌末、曼陀罗花三种具有麻醉性能的药草，断言蒙汗药绝非小说家的虚妄之谈，此结论弥足珍贵。且让我们来看一看这

167

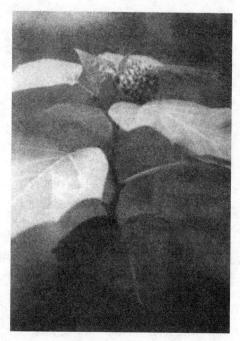

曼陀罗（又名闹羊花、风茄儿、老虎花、颠茄树等。主要产于华南各省，北方有些地方还能见到。）

三种药草吧。

　　押不庐，李时珍根据《癸辛杂志》，曾予著录，指出这是一种草，有麻醉的效果，虽"加以刀斧亦不知"。草乌末，顾名思义，是草乌的末。草乌，是中药性药中常用的药物。经化学分析，它含有乌头碱、新乌头碱及次乌头碱等，而乌头碱对人体的神经末梢及中枢有先兴奋后麻痹的作用。明初朱橚等所撰的《普济方》中，即载有用于麻醉的"草乌散"。曼陀罗花，是茄科一年生草本植物曼陀罗等的花冠，在明代又名风茄、山茄子，今天中医的处方用名，称为洋金花、风茄花。这种花为什么叫曼陀罗花呢? 李时珍在《本草纲目》中解释说:"《法华经》言:'佛说法时,天雨曼陀罗花。'……曼陀罗,梵言杂色也。"显然,曼陀罗花是从印度传入我国的。但是,何时传入,有待考证。据我所知,史籍中最早记载曼陀罗花的,似为北宋周师厚在元丰初年写成的《洛阳花木记》(《说郛》第一百〇四卷)。此书在"草花"类中,载有曼陀罗花、干叶曼陀罗花、层台曼陀罗花三种,但并未指出此花的特性。那么,首先记载曼陀罗花具有麻醉性能的书,是哪一部呢? 前述郎瑛《七修类稿》曾引南宋范成大著《桂海虞衡志》的一段有关记载,但查《古今逸史》《知不足斋丛书》等收录的《桂海虞衡志》,均无此段记载。看来,如果不是郎瑛别有所据,就是他搞错了。成书比《桂海虞衡志》稍晚的史籍,则有明确的记载。如周去非谓:"广西曼陀罗花,遍生原野。大叶百花,结实如茄子,而遍生小刺,乃药人草也。盗贼采干而末之,以置人饮食,使之醉闷,则挈箧而趋。"(《岭外代答》卷八)这种用曼陀罗花末做麻药,使人食之不省人事,然后窃其财物的行径,堪称开《水浒传》中十字坡下张青、孙二娘夫妇所干勾当的先河。由此我们不难断定,令人感到扑朔迷离的蒙汗药,原来就是用曼陀罗花制成的。实际上,南宋建炎年间窦材在论及"睡圣散"这一药方时,即已明确记载:"人难忍艾火灸痛,服此即昏不知痛,亦不伤人,山茄花(按:即曼陀罗花)、火麻花(按:即大麻)共为末,每服三钱,小儿只一钱,一服后即昏睡。"可见至迟在南宋,用曼陀罗花作为麻醉药已普遍应用于外伤等各科。大概正因为这种麻药十分普及,曼陀罗花的麻醉性能人皆知之,而且"遍生原野",所以绿林豪客们才采制成蒙汗药,经营他们的特种买卖。

上述文献记载,已为当代的科学实验所证实。江、浙、沪、藏等地研究中药麻醉的大夫,根据《水浒传》所载蒙汗药的线索,经反复试验，终于发现"蒙汗药"的主要成分，正是曼陀罗花。经分析，它含有莨菪碱、东莨菪碱及少许阿托品。1970 年 7 月 8 日，江苏省徐州医学院附属医院首次把以曼陀罗花为主药的中药麻醉汤剂成功地应用于临床，实践证明，麻醉效果是好的。古老的蒙汗药重放异彩，造福于人类，令人振奋。

但至此，蒙汗药之谜也只能说是解开了一半。因为从《水浒传》的描写看来，当张青把两个麻倒的公人扶起后，"孙二娘便调一碗解药来，张青扯住耳朵灌将下去。没半个时辰，两个公人如梦中睡觉的一般，爬将起来"。这种解药，不可谓不灵！那么，这种解药，又是用什么草药制成的呢？可惜史籍上并无明确记载。但是，北宋时期杰出的科学家沈括，在论述中草药不同部位的药性与疗效时，曾说到坐拿草"能懵人，食其心则醒"（《补笔谈》卷三，《药议》）。这就是说，吃了坐拿草的叶子能使人昏迷，但吃了它的心，又可以使人苏醒。而据明代初年朱棣等所撰《普济方》载，在举行骨科手术时，病人服用坐拿草、曼陀罗花各五钱，即不知痛。如此看来，坐拿草与曼陀罗花一样，具有麻醉性能。那么，如果服用坐拿草的心，是否对服用曼陀罗花作为麻醉药的人，具有催醒作用呢？谨质疑，并提请医药界研究。搞中药麻醉的同志，为了找到曼陀罗花的解药，付出了艰辛的劳动，并已取得重大成果。1972 年，国内已经人工合成了毒扁豆碱（毒扁豆碱是毒扁豆种子的有效成分，又称依色林［Eserium］）。以曼陀罗花为主要成分的中药麻醉手术后的病人，"用毒扁豆碱静脉注射，一般经过 10 分钟左右，就能达到完全清醒"。看来，毒扁豆是当代蒙汗药的解药。但是，古代蒙汗药的解药是不是毒扁豆，不得而知。听说，医药界曾打算组织有关人员到山东梁山地区民间采访，以搞清《水浒传》时代蒙汗药的解药。在我看来，即使去了，恐怕也未必能得到什么结果。因为《水浒传》毕竟是小说，更何况从严格的意义上来说，梁山地区与《水浒传》的关系，实际上并不大。写到这里，不禁想起《广西志》的这一段记载："曼陀罗人食之则颠闷、软弱，急用水喷面，乃解。""急用水喷面"，也许不失为古代蒙汗药最原始、最土的"解药"吧！明末清初著名学者方以智的《物理小识》记载，蒙汗药的解药是蓝汁，应当是可信的。

常言道：不怕不识货，只怕货比货。古代某些西方国家，并不懂得麻醉药，在施行手术时，为使病人暂昏迷，只好用棍棒打头，或者放血。对比之下，很早就懂得用曼陀罗花之类作为麻药的我国古代先民，生病动手术时，真不啻独享如天之福了。庄子曰："大盗亦有道。"就张青、孙二娘之流用蒙汗药蒙人而论，可谓小盗亦有道，被窃者难哭笑。这当然是第一个发现曼陀罗花具有麻醉性能者所未曾料及的。

迷 药 与 蛊 毒

清末有首题作《拍花》的诗写道："拍花扰害遍京城，药末迷人在意行。多少儿童藏户内，可怜散馆众先生。"所谓"拍花"，徐珂的《清稗类钞》第三十九册解释得颇清楚："即以迷药绝于行道之人，使其昏迷不醒，攘夺财物也。"而用迷药拐卖儿童，最为伤天害理，以至于此妖风大炽之日，连堂堂的天子脚下北京城内的儿童，也失去安全感，躲在家中，不敢上学，这就苦了以教书糊口的私塾先生们。明清小说及近代武侠小说中，常常有用迷药谋财、渔色的描写，这并非是小说家的向壁虚构，在当时是确实有这种事情的。

（一）迷药

稽诸史籍，迷药大致上可分两类。一种是蒙汗药，乃曼陀罗花及其所结种籽制成，从明清之际的大学者方以智所著《物理小识》卷十二的记载看来，是用威灵仙、精刺豌豆制成的。而从别的史料看来，则另有名堂。据明代陆粲《庚巳编》卷九记载，成化十三年（1477）七月，真定府晋州聂村的一位生员高宣之婿，抓获一个男扮女装、以做女工为掩护奸淫妇女达十载之久的山西榆次县人桑冲，成为轰动一时的所谓"人妖公案"。经审问，桑冲招供，对于秉正不从的女子，"候至更深，使小法子，将随身带着鸡子一个，去青，桃卒七个，柳卒七个，俱烧灰，新针一个，铁锤捣烂，烧酒一口，合成迷药，喷于女子身上"。显然，这是另一种古怪的迷药。所谓"桃卒""柳卒"，不知道究为何物。桑冲先后奸淫良家女子一百八十二人，令人发指。后被奉旨凌迟处死，真是活该！

（二）蛊毒

我不知道蛊毒始于何时，留待暇时考证。不过，《左传》昭公元年即有"何谓蛊"的话，唐朝学者孔颖达疏曰："以毒药药人，令人不自知者，今律谓之蛊毒。"南宋学者曾敏行撰《独醒杂志》卷九载："南粤俗尚蛊毒诅咒，可以杀人，亦可以救人，以之杀人而不中者或至自毙。"可以看出，宋代南粤地区，流行着颇有些神秘色彩的蛊毒术。在明代，南方的蛊毒更为猖獗，有蛇毒、蜥蜴毒、蜣螂毒、草毒等若干种，"食之变乱元气，心腹绞痛，或吐逆不定，面目青黄，十指俱黑"，真是可怕极了。但是，"魔高一尺，道高一丈"。人们在实验中终于逐步找到了检验蛊毒、治疗蛊毒的方法。如明代李乐《见闻杂记》卷七记载：吐于水，沉而不浮，即表明是中了蛊毒，可以口含黑豆，待豆胀烂，脱皮，嚼之，如感不腥，再嚼白矾。明末清初的赵吉士，在所著《寄园寄所寄》卷五则记载检验蛊毒的另一方法是，不管中毒时间多久，插银钗于熟鸡蛋内，含于口中，过些时候，取出鸡蛋，如俱呈黑色，即证明是中了蛊毒。治疗的方法是：五倍子二两，硫磺末一钱，甘草三寸，丁香、木香、麝香各十文，轻粉三支，糯米二十粒，共八味，入小沙瓶内，水十分，煎取其七，候药面生皱皮，用熟绢漉去滓，通口服。病人平正仰卧，令头高，感到腹间不断有物冲心，如吐出，状如鱼鳔之类，即是恶物。吐罢，饮茶一盏，泻亦无妨。然后煮白粥食之，忌生冷、油腻、酢酱。十天后，再服解毒丸三两，又经旬日，身体就完全康复了。这条记载颇详尽，对验、治蛊毒显然是行之有效的。

很可能是从宋到明，蛊毒为害甚烈，引起医学家高度重视，研究出种种"克敌制胜"的药方，明代伟大的药学家李时珍在所著《本草纲目》卷四"蛊毒"条中，纪录治蛊之药多达一百六十三味，这是很宝贵的医药遗产。据报纸、杂志披露，今日之南亚、非洲等热带地区，蛊毒仍然在危害人类，夺去不少人的生命。近几年来，中国内地也多次发生用蛊毒害人的案件。《湖南法制周报》1993 年第 2 期刊有李林的《蛊毒·乱伦·谋杀》一文，揭露犯罪分子"将山里腐臭变了质的毒蛇捡来，晒干，碾碎成粉末，藏于手指甲缝里，欲施毒时轻轻一弹，毒粉飞落在别人的水杯之中"。当然，这只是蛊毒中的一种而已。看来，严峻的现实表明，我中华医药史上的治蛊良方，很值得当代医家珍视。

"燕饮应知无后艰"——明代坑厕状

今人如厕用手纸，而古代平民很少用纸，乡农或用稻草，或用芦苇片,或用青草、瓜叶、豆叶之类,甚至用泥块、瓦片。据明人胡应麟撰《甲乙剩言》记载,安平人上厕所时,"男女皆用瓦砾代纸,殊为呕秽"。其实,讥为"呕秽",太过分了,因为"三里不同风,五里不同俗",各地有各地的生活习惯。用手纸最奢侈者,是明朝的一些帝王。其实,他们用的并非纸,而是专用由四川进贡的野蚕丝织成的特种帛,用后即弃。这该耗费多少人力、物力!直到孝宗朱佑樘时,有个宫人觉得这样糟蹋帛,实在太可惜了,便将厕所内已用之帛捡起来,洗涤干净,缝成窗帘、床帏之类。有一天,孝宗看见后,询问究竟,宫女如实相告,孝宗也认为用帛擦粪确实"殊可惜,即数以纸代之,停所进贡"。这样一来,总算结束了如厕用帛的历史。

对于都市来说,人口密度大,厕所的有无、好坏,关系着市民的健康,同时,也维系着观瞻。从这个意义上说,厕所实在是都市文明的重要窗口。从历史上看,明清时的都城北京,厕所极少,几乎是满街狼藉,臭气逼人。明人谢肇淛的《五杂俎》卷三谓:"今大江以北,人家不复作厕矣……京师则停沟中,俟春雨后发之,暴日中,其秽气不可近,人暴触之辄病。"在该书的卷二,谢氏更直接指出:"京师住宅既带窗无余地,市上又多粪秽……故疟痢瘟疫相仍不绝。"明末作家王思任曾写《坑厕赋》,副标题是"虽厕亦屋,虽厕亦清,惟越所有"。在感叹之余,描写京城无厕之苦道:"愁京邸街巷作溷,每昧爽而揽衣。不难随地宴享,极苦无处起居。光访优穆,或内逼而不可待。裨谌谋野,又路远莫致之……"真是惟妙惟肖。明代的幽默大师陈铎常居京师,编过一本滑稽月令,其二月下极尽嘲讽京城太脏之能事:"是月也,壁虱出沟中,臭气上腾,妓靴化为鞋。"读来真让人忍俊不禁。名城开封的脏、乱,也相当出名,而江南的绍兴、镇江、吴淞等城镇的厕所,则比较干净。

古代稍像样的厕所,往往有匾,也有对联。明代某些厕所的对联,其贴切、隽永,往往使人拍案称奇。如"古人欲惜金如此,庄子曾云道在斯""莫道轮回输五谷,可储笔札赋《三都》""纳垢含污知大度,仙风道骨验方肠""官司不令多中饱,燕饮应知无后艰"。

明宫春灯对良宵

文坛前辈阿英曾谓:"灯市起始于汉,极盛在明。"诚哉斯言。至万历年间,随着经济的发展,百工技艺烂熟,某些匠人制作的工艺品,有鬼斧神工之妙。拿灯来说,陈大声的《朝天子·灯市》谓:"画屏灯浅色,绣球灯杂采,缀细巧悬丝带,金银宫阙锦楼台,妆点出真堪爱。算日无多,撺行赶快,雨和风情意歹。价钱又不抬,人心又懒买,须守到来年卖。"这首曲子不仅写出了制灯的精心,也写出了卖灯的艰辛。当然,"人心又懒买",是指贫苦的小民百姓而言。面对达官公卿、富商大贾来说,一掷百金,购买佳灯,寻常事也。万历时兰溪著名学者胡应麟曾在市上见到一灯,"皆以卵壳为之,为灯、为盖、为带、为坠,凡计数千百枚。每壳必开四门,每门必有栱欀窗楹,金碧辉耀,可谓巧绝。然薄脆无用,不异凋冰画脂耳。悬价甚高,有中官以三百金易去"。中官者,宦官也。花三百两银子买一个灯,不能不使人惊诧,宦官的豪奢,于此不难想见。当然,这个卵壳灯是艺术极品,价格自然昂贵。

帝王位居九五,富有四海。明朝历代皇帝都很重视每年春节期间的灯市。朱棣迁都北京后,大体上从正月初八开始灯市,十五最盛,十七收。从早到晚都是市,百货杂陈,商贾如云,游人如织。至晚即张灯,形形色色,争奇斗艳。宫廷之内,也是张灯结彩,烟火耀眼。崇祯初年,在狱中的著名太监刘若愚回忆道:"初九日之后,即有耍灯市,买灯,吃元宵……十五日曰上元,亦曰元宵。内臣宫眷皆穿灯景……灯市至十六更盛。天下繁华咸萃于此,勋戚内眷,登楼玩看,了不畏人……自十七日至十九日,御前安设各样灯尽撤之也。"这是述其大概情形。天启时诗人蒋之翘在《天启宫词》中写道:"九微列处御筵凭,队队笙歌拥氍毹。蜃炬龙膏空斗影,芙蓉开遍十三层。"作者自注:"上元,乾清宫寿皇殿安七宝牌坊及方圆鳌山灯,有高极十三层者。"真是灯高如山,令人惊叹。而嘉靖时诗人薛蕙的《元夕篇》,则谓:"此时天子盛遨游,离宫别馆足风流。才开凰岛张灯架,更起鳌山结彩楼。彩楼岩嶙鳌山侧,复道交衢对南北。万烛翻疑白日光,千灯却乱春星色。"此诗显然是描写明正德时宫中春灯情形,"万烛翻疑白日光,千灯却乱春星色",堪称是有明一代宫中灯火的缩影。清康熙初年,有署名"花村看行侍者偶录"编的《谈往》一书,先收入丛书《说铃后集》,以后又有坊间刊本,述及明朝宫中灯景,殊为难得:"元宵放灯,真珠灯有高大四五尺者,珠皆颗,重分许。华盖飘带,皆众宝所成,带下复缀以小珠。灯大尺许者四十九盏。宫中诸殿,殿各有数灯,虽与正殿稍杀,然贵重则不异也。自殿陛甬道,回旋数里,悉有石栏,栏有莲桩,桩各置琉璃灯,约数万盏。适宫女成群嬉戏,触坠十余盏,顷宦官即易去矣。"由此我们可以看出晚明宫灯数量之大、用料之昂贵,都是史所罕见的。所谓灯火,灯与烟火常常是连在一起的。前引蒋之翘《天启宫词》还曾述及宫中烟火状:"鳌山灯火出墀隅,蓬勃千枝万蕊莩。踠地金钱输喝彩,长明塔峙络珍珠。"作者自注:"岁暮二十四日起,至正月十七止,每夕于乾清丹陛上扎烟火。时至二十之后,犹未绝也。有寿带、葡萄架、珍珠帘、长明塔等各色。"这个记载比较简略。万历时曾任宛平知县、后升任户部主事的沈榜,则具体记载谓:"放烟火,用生铁粉杂硝、磺、灰等玩具,其名不一。有声者,曰响炮;高起者,曰起火;起火中带炮连声者,曰三级浪;不响不起,旋绕地上者,曰地老鼠;筑打有虚实,分量有多寡,因而有花草人物等形者,曰花儿。名几百种,其别以泥函者,曰砂锅儿;以纸函者,曰花筒;以筐函者,曰花盆。总之曰烟火云。勋戚家有集百巧为一架,分四门次第传热,通宵不尽,一赏而数百金者。"烟火至明末,堪称盛况空前。宫中的烟火,更是豪华至极。

明朝后期的灯,北方包括京中,固然不乏有作坊、匠人制作,但京中所用特别精制的灯,还是从江南采购的。以苏州为代表的吴中地区的灯,制作之巧,冠于天下。时人张元凯有《咏吴市灯二十四韵》,谓:"吴儿一何巧,能事匪师傅。剪彩千葩散,泥金四照联……芝盖如云集,珠球比月圆。幻将风里蝶,现出火中莲……兔捣姮娥傍,鸥栖菡萏边。冰壶寒莹魄,玉树暖生烟。"制灯如此之精,堪称巧夺天工。但是,这类高级的灯,多半是丝灯。正如时人姜绍书所言:"灯虽种种,唯料丝之光,皎洁晶莹,不啻明珠照乘。"而料丝制作极费事,也甚费钱。"以玛瑙、紫石英诸药品,捣为屑,煮腐如粉,然必市北方天花菜点之方凝。即缲为丝,织之如绢状。上绘山水人物诸色,极晶莹可爱。"这还是记载的云南金齿制作料丝的情形,江南制作料丝状未见记载,料想其工、其费,当有过之而无不及。

从马吊到马将

今日民间最风行的博戏之具,是扑克牌、马将。扑克牌又名纸牌，马将又名麻将、麻雀将、牌九。扑克牌乃舶来品，是近百年传入中土的；而马吊，则我国古已有之，在明代，马吊牌更风行于世，麻将牌就是由马吊演化而成的。

（一）从马吊的盛行可知《水浒传》流传的脉络

马吊，又称叶子，玩此牌在明代称为斗叶子。褚人穫《坚瓠集》卷一引潘之坦《叶子谱》云："叶子始于昆山，用《水浒传》中人名为角抵戏耳。"而明中叶陆容的名著《菽园杂记》卷十四，则对叶子的形状、风靡程度，详予记载："斗叶子之戏，吾昆城上自士夫，下至童竖皆能之。……阅其形制，一钱至九钱各一叶，一百至九百各一叶，自万贯以上，皆图人形。万万贯呼保义宋江，千万贯行者武松、百万贯阮小五、九十万贯活阎罗阮小七……一万贯浪子燕青。"这种纸牌共四十页，玩时四人入局，人各八页，以大击小，变化多端，饶有趣味。马吊究系何人发明，现已无法考证。清初的粤东文人黎遂球在所著《桐增副墨》中即曾指出："斗叶子之戏，古盖有之，其以《水浒传》诸人分署，则宋元以来，不知何人所为。"从南宋以来，《水浒传》梁山好汉的故事，通过《癸辛杂识》《宣和遗事》的流布，以及评书、戏曲等民间文艺的传播，影响日深，从而在纸牌上打下烙印，本无足怪，但奇怪的是，宋江等健儿的名字出现在纸牌上，含义究竟若何，这在明代乃至清初，始终是人言人殊。陆容有谓："或谓赌博以胜人为强，故叶子所图皆才力绝伦之人，非也。盖宋江等皆大盗……作此者，盖以赌博如群盗劫夺之行，故以此警世，而人为利所迷，自不悟耳！"

晚明的许自昌则认为："今天下日弄纸牌，而不知其义；其义本自了然，反而为宋江等名目所蔽塞。盖俱钱之数目也。"清初的大诗人王渔洋，更进而指出："宋张忠文公《招安梁山泊榜文》

云：'有赤身为国、不避凶锋拿获宋江者，赏钱万万贯，双执花红；拿获李进义者（按：即卢俊义，见《宣和遗事》），赏钱百万贯，双花红……'今斗叶子戏，有万万贯、千万贯、百万贯、花红递降等采，用叔夜榜文中语也。"但据已故史学家余嘉锡先生考订，宋时官司寻常悬赏告捕，多不过数千贯，仁宗时，赵元昊称兵，陕西经略使夏竦揭榜塞上，购元昊头，才五百万贯，甚至绍兴十年（1140）招募擒金兀术的赏格，亦不过除节度使，赐银、帛各五万，田千顷，因此余氏断定上述榜文"必后之人不谙典故，造作语言，渔洋不考而误载之，所谓'俗语不实，流为丹青'者也"。如此看来，马吊上的钱数说，也还不能使人信服。到了明末，民变风起云涌，李自成、张献忠更叱咤风云，故明末清初文士，遂作出种种附会，如戴名世《忧庵集》云："盖明末盗贼群起之象。其曰马吊者，马士英、马吉翔弄权丧邦之谶也……其曰闯百者，李闯王之谶也。其曰献百者，张献忠之谶也……其法四人相斗，而以三家逼一家，为关外及张、李三家分裂明土之象。"这种说法，显然太过牵强。明清之际的李式玉在《四十张纸牌说》中谓："三十年来，马吊风驰几遍天下……其实，抑亦世变风会使然。"此说有一定的道理。事实上，从马吊的盛行，可以看出《水浒传》流传的脉络。《水浒传》风行于万历年间，马吊正是从万历末年逐渐传开的，明末《水浒传》风行天下，对民变起了推波助澜作用，马吊也就愈益盛行，这也许就是"世变风会"之谓吧！

（二）明末大学士酷爱此物

明清之际的著名诗人吴伟业，曾用拟人化手法写了《叶公传》，将叶子亦即马吊，刻画得淋漓尽致："有叶公子者浪迹吴越间，吴越间推中人为之主，而招集其富家，倾囊倒展，穷日并夜，以为高会。入其坐者，不复以少长贵贱为齿。"曾几何时，叶子便由吴越传向北方,直至京都的士大夫,也无不同好。清初的石成金载谓:"赌钱是市井小人事,何以士大夫往往好之?近日马吊牌始于南中,渐延都下,穷日累夜,纷然若狂。问之,皆云极有趣。"连大学士周延儒也酷爱此物,达到如痴若狂的程度。明清之际的周同谷,曾载谓:"壬午(1642,崇祯十五年)京师戒严,延儒奉命视师,上亲饯之,赐上方剑旌旗,呼拥甚盛。既出都百里,旗牌持令箭,飞马回京。大司马方退朝,遇之大骇,谓戍信孔迫也。都人惊疑相告,既而知为取纸牌诸弄具而已。"时人有诗讥之曰:"令箭如飞骤六街,退朝司马动忧怀。飞来顷刻原飞去,立限回京取纸牌。"值得注意的是,明末,在江南干脆又称马吊为"水浒牌",著名画家陈老莲曾亲笔绘之,张岱记其事谓:"余友章侯,才足搂天,笔能泣鬼……画《水浒传》四十人,为孔嘉八口计,遂使宋江兄弟,复睹汉宫威仪。"张岱也曾为"水浒牌"作赞,如谓宋江是"盗贼草劫,帝王气象";武松是"人顶骨,一百八,天罡地煞";鲁智深是"和尚斗气,皆其高弟"等。画有《水浒传》人物的纸牌,一直到民国初年,还在北方流传着,可见《水浒传》的影响之大。当然,马吊并非一成不变,纯粹画上宋江辈梁山弟兄,它在清代的流传过程中还是逐渐发生变化的。周亮工曾记载:"今江右叶子,有无图像者,有作美人图者。闽之叶子,有作吉将相图,有作甲第图者。近又有分鸟兽虫鱼为门类者。"

笔者年少时,也就是六十年前,还每见乡人在农闲及春节时玩此牌,俗称"看小牌",牌上已不见宋江之流,而代之以花鸟之类的图案。

据戴名世《忧庵集》载,清初马吊"近日则又变为游湖之法,始于京师之舆人……其法又有曰飞湖、曰追湖、曰砍湖,其不胜无用者曰臭湖,其法大同小异,大抵以先成者为胜"。这分明是今世麻将之滥觞。已故学者瞿宣颖谓："马将又源于马吊,明以来叶子戏皆以《水浒传》中人物为对象,其后不见人物之状……凡成牌曰湖,湖者指梁山泊也。"马吊与马将之间的传承关系,是很明显的。

明代山人面面观

山人一词,出现很早。在先秦时代,山人即虞官,"掌山林之政令"(《左传》昭公四年)。秦汉以后,虞官成了昨夜星辰,山人逐渐成了遁迹山林隐逸之士的代名词。但是,所谓"圣代无隐者,英灵尽来归"。从山崖水曲步入庙堂的隐士,颇不乏人。不过这些人毕竟在山野间散漫惯了,总想保持闲云野鹤的外观,故进了朝廷,白花花的银子照拿,却不肯戴乌纱帽。他们扮演客卿的角色,参与议论国事,陪伴皇帝出游,因身穿白衣,路人看了指指点点,说"着黄者圣人,着白者山人。"(《新唐书·李泌传》)唐、宋、元都有山人出现,但零零落落,不成气候。

明中叶后,出现了为数可观的山人群体,对当时的政治、文化产生了重要影响。这是有深刻的历史背景的。经过明朝初年的休养生息,到了明中叶,嘉、隆、万三朝,农业、手工业、商业迅速发展,城镇出现了空前的繁荣,城中园林勃兴,城居乡村化,追求桑间濮上、小桥流水的山野情调,成为时尚。依附城市的社会寄生层,不论是腹有诗书,还是胸无点墨者,都追赶社会潮流,故作高雅,标榜脱俗,以山人自居,借以啖饭。此外,随着君权的膨胀,宦官专权日甚,朝政腐败,廷杖横行,多少大臣的屁股被打得皮开肉绽,甚至被投入暗无天日的特种监狱——诏狱,生不如死,永无出头之日。因此,不少有识之士,视仕途为畏途,视朝廷为虎口,纷纷挂冠为隐,甘当山人,终老田园。

（一）不入流的山人

明代山人既然是个复合的群体,必然鱼龙混杂,说得更直白些,实在有龙虎狗之别。

山人中的等而下之者,以看风水、推时辰为职业。明代讽刺文学的高手陈铎曾尖锐嘲笑道:"寻龙倒水费殷勤,取向金穴无定准,藏风聚气胡谈论。告山人须自忖,拣山葬你先人。寿又长身又旺,官又高财又稳,不强如干谒侯门。""婚丧二礼,推详岁煞,祝赞神祇,四时黄道空亡日,择选凶吉……几个钱非容易,逐朝价站立,念破了口唇皮。"平心而论,此辈虽然骗人,但毕竟还要劳力费神,站得腿发麻,念破嘴皮。而有的山人,目不识丁,纯粹是施展"空手道"。明末山东作家西周生的小说《醒世姻缘传》第四回,开头即有讽刺诗一首,揭露了此辈的骗人伎俩:"一字无闻却戴巾,市朝出入号山人。搬挑口舌媒婆嘴,鞠笄腰臀姜妇身。谬称显路为相识,浪说明公是至亲。药线数茎通执贽,轻轻骗去许多银。"该回小说生动刻画了"胁肩谄笑"的童山人的丑态。甚至关系到人生命安危的医生,也与这些山人一样,无非是瞒和骗而已。有个叫杨古月的医官,"原不过是个名色而已",何尝真懂医道? 他夫子自道:"治那富翁子弟,只是'消食清火'为主;治那姬妾众多的人,凭他什么病,只是'十全大补'为主;治那贫贱的人,只是'开郁顺气'为主。"但是,他居然给小产的妇人吃"十全大补",导致她"腹胀如鼓,气喘如牛,把一个活生般的美人,只要死不求生了"! 这些虽是小说家言,但却是明朝社会病态的真实写照。时人谢肇淛曾抨击道:"才名骄人,间亦文人之常。惟近世一种山人,目不识丁,而剽窃时誉,傲岸于王公贵人之间,使酒骂座,贪财好色,武断健讼,反噬负恩,使人望而畏之。"故曾任礼部尚书的徐太室,在所著《归有园麈谈》中告诫世人:"暴发财主收买假古董,眼前已见糊涂;新科进士结识假山人,日后必遭缠累。"晚明有首题作《山人》的江南民歌,据说经过吴中作家张伯起的润色,可谓写尽了这类山人的无耻。当然,此辈身无长技,治生乏术,当山人混饭混钱,这首民歌也堪称写尽他们的无奈。现节录如下:

> 说山人,话山人,说着山人笑杀人。(白)身穿着僧弗僧俗弗俗个沿落厂袖,头带子方弗方圆弗圆个进士唐巾。弗肯闭门家里坐,肆多多在土地堂里去安身。土地菩萨看见子,连忙起身便来迎。土地道:哑,出来!我只道是同僚下降,原来倒是你个些光斯欣。咦弗知是文职武职,咦弗知是监生举人。咦弗知是粮长升级,咦弗知是讼书老人。咦弗来里作揖画卯,咦弗来里放告投文……轿夫个个侪做子朋友,皂隶个个侪扳子至亲,带累我土地也弗得安静……仔细替我说个原因。山人上前齐齐作揖,告诉我哩的亲亲个土地尊神:我哩个些人,道假咦弗假,道真咦弗真……只因为生意淡薄,无奈何进子法门……算尽子个三十六策,只得投靠子个有名目个山人……土地听得个班说话,就连声骂道:个些驾说个猢狲!你也忒杀胆大,你也忒杀恶心!……也有时节诈别人酒食,也有时节骗子白金……你个样瞒心昧己,哪瞒得灶界六神!……

明中叶后,党争激烈,门户之见,势如水火。上述山人中,有的甘当骂客,猖猖狂吠,没完没了,使人不寒而栗,从而被豪门奉为座上客。王世贞曾感叹:"近日风俗愈浇,健儿之能哗伍者,青

183

衿之能卷堂者,山人之能骂坐者,则上官即畏而奉之为骄子矣。"山人之间,往往也互相丑诋,如陆应阳斥大名鼎鼎的陈继儒"为咿哑小儿,闻者无不匿笑"。京中权臣,除张居正、王锡爵外,都豢养山人,如严嵩有吴扩,徐阶有沈明臣等等。这帮人是豪门的帮闲,也是帮凶,推涛作浪,加速了政治腐败。万历十七年(1589)三月,明神宗看了举报,觉得这帮山人闹得太不像话了,下旨将他们逮捕治罪,沈德符因而写道:"恩诏内又一款,尽逐在京山人,尤为快事。"

(二)亦正亦邪的山人

当然,山人中并非全是上述宵小、腐败分子,也有对腐败深恶痛绝者。如严嵩把持朝政,腐败横行,民不聊生时,有人问一位姓赵的山人,今日贪污的官吏状况为何? 赵山人答道:"不忍言! 不忍言! 譬娼家一般。然当时也存些廉耻,掩房避人,如今径在大路上,青天白日淫媾,全不怕人看见,何世道不幸至此! 窃恐天下厌乱,国家或有不可测之祸,奈之何!"赵山人对严嵩主政时贪污腐败的猖獗、肆无忌惮,揭露得何等尖锐! 所幸后来"脓包穿头",严嵩、严世蕃父子被打倒,国家机器重新正常运作,否则赵山人担忧的"国家或有不可测之祸",即天下大乱,是难免要发生的。不过,在明朝山人中,像赵山人这样的众醉独醒者,实在是凤毛麟角。

明代山人中,有不少清高者或马屁精。有的清高得未免离谱,如黄省曾,吴县人,举嘉靖十年(1531)乡试,从名儒王守仁、湛若水游,又学诗于文坛大家李梦阳。他博览群书,著有《西洋朝贡录》《吴风录》《拟诗外传》等书,与那些不学无术、招摇撞骗的山人不可同日而语。但是,他却自号"五岳山人"。以著有《炎徼纪闻》《西湖游览志》鸣于时的钱塘人田汝成嘲笑他:"子

诚山人也。癖耽山水,不顾功名,可谓山兴……乘危涉险,不烦
筇策,上下如飞,可谓山足。目击清辉,便觉醉饱……饮可旷旬,
可谓山腹。谈说形胜,穷状奥妙……若易牙调味,口欲流涎,可
谓山舌。解意苍头,追随不倦……可谓山仆。备此五者而谓之
山人,不亦宜乎!"这就是所谓"五岳山人"。相当挖苦,但并非
恶意攻讦。山人中马屁精很多,也许吴扩最有名。他在南京时,
写有元日赋诗,奉怀分宜相公(严嵩),人们嘲笑他:"开岁第一
日,怀中朝第一官,便吟到腊月三十日,安能及我辈乎?金陵人
至今传以为笑云。"与吴扩堪称一丘之貉的另一位山人,写有
《元日有怀三阁老》,难怪有人读后立刻将诗放到袖内,说看来
直到除夕,你也轮不到怀我,还是让我把诗拿回家,在灯下慢慢
读吧。这位山人听了,也忍俊不禁。

山人中还有奇人。尹山人,绰号尹蓬头,能一次吃一担瓜、
四十余碗面,用气功为人治病,颇有效。王阳明年轻时,曾与他
在南京"共寝处百余日",但并未学会其特殊本领。

(三)真山人

腐草烂木、土堆小丘之上,有大山群峰。在明代的众多山人
中,有一批人,除个别人(如陈继儒)外,大多则有山人之名,无
山人之实,他们一不住在山上,二无前述山人的满身酸气、臭气,
如何景明、李梦阳、王世贞、冯惟敏、李攀龙、徐祯卿、祝允明、文
征明、沈周、唐寅等。他们是文坛、画苑的群星,在今天仍然有着
重要影响。唐寅由于其杰出的绘画成就,以及小说、戏曲的渲
染,更成了家喻户晓、妇孺皆知的人物。"唐伯虎点秋香"的故
事,更是人们津津乐道、历久不衰的传奇佳话。

当然,文人相轻,自古皆然。陈继儒更是个有争议的人物。
陈继儒字仲醇,号眉公,又号麋公,松江华亭(今上海)人。幼颖

异,能文章,受到同郡徐阶的器重。长为诸生,与董其昌齐名。王世贞也很看重他,江南文士纷纷要与他结为师友。但是,他在二十九岁时,却将儒生衣冠付之一炬,这在当时,不能不是个愤世骇俗的反潮流行为。遂隐居昆山,后迁东佘山,草堂数椽,杜门著述,做诗填词,并作画。他很少入城市。有时兴之所至,戴着很高的竹笠,身穿白衣,骑着麋鹿,在松江城内闲逛,儿童嘻嘻哈哈,跟在身后起哄,这在当时士人眼中,肯定目为怪诞、矫情。他虽身在山中,但毕竟仍要食人间烟火。著作要出版,就不能不与书商打交道。有时应酬难免,如与太仓王锡爵、同郡董其昌有往来。王锡爵曾任内阁首辅,形同宰相,声望极高。有的人对此不以为然。清初剧作家蒋士铨所作《临川梦》院本内,有《隐奸》一出,出场诗纯属讥刺陈继儒:"装点山林大架子,附庸风雅小名家。终南捷径无心走,处士虚声尽力夸。獭祭诗书充著作,蝇营钟鼎润烟霞。翩然一只云间鹤,飞来飞去宰相衙。"这完全是丑诋,将陈继儒一笔勾销,是极不公正的。所谓"终南捷径无心走,处士虚声尽力夸",根本是歪曲事实。鉴于陈继儒的学问、人品,他声名远播,朝廷曾多次颁诏起用他,他"皆以疾辞",堪称视乌纱帽如粪土,难能可贵。陈继儒著作甚丰,包括辑刊的《宝颜堂秘籍》二百二十六种四百五十七卷,他自言"余得古书,校过付钞,钞后复校,校过付刻,刻后复校,校过即印,印后复校"。其孜孜不倦,一丝不苟,令人肃然起敬。诚然,所刊之部,每有删节,为众人所斥。但是,这也是当时的风气使然。陶宗仪及后来陶珽编的《说郛》、续《说郛》,不也如此吗?由于陈继儒的这部大型丛书的出版,不少已失传或难得一见的珍稀书籍,得以保存下来,为后人研究历史文化提供了宝贵的资料。说陈继儒"獭祭诗书充著作",纯属妄言。即以他写的小品而言,足与袁宏道、王思任、张岱并驾齐驱，而又风格迥异。他著名的《小窗幽记》，满纸风生云起，采采流水，至今仍然受到读者的喜爱。他抨击泛滥成灾的铭状表传的作品是"花脸文字""虚而不实"，极有见地。他在临终前，手书联语"启予足，启予手，八十岁履薄临深；不怨天，不尤人，千百年鸢飞鱼跃"，并嘱葬后不封不树，这是何等开阔的胸襟！并遗诗诸子："内哭外哭，形神斯惑。请将珠泪，弹向花木。香国去来，无怖无促。读书为善，终身不辱。戒尔子孙，守我遗嘱。"真是视死如归，全以平常心待之。清初学者王应奎谓："先生于去来之际从容如此，虽学问不无可议，而其人固不易及也。"诚哉斯言！

末代王孙、爱国名妓

明初开国功臣徐达，堪称是千古奇才。他家世代务农，难得有机会读书识字。他二十二岁时投奔朱元璋，甚得朱元璋的喜爱。徐达不仅刚毅武勇，而且很有韬略，颇有全局观念。他率大军克镇江、苏州，严令将士"掠民财者死，毁民居者死，离营二十里者死"，故百姓"安堵如故"。十分可贵的是，他挥师北上，直捣元朝的统治中心大都，元军望风披靡，"顺帝帅后妃太子北去"，逃往蒙古腹地。徐达曾建议朱元璋趁势追穷寇，消灭元顺帝的残余势力，但朱元璋不许，徐达只能跌足长叹："不穷追必为后日忧。"

历史验证了徐达的话。元朝的残余势力，后来成为北方严重的边患。洪武三年（1370），徐达即封魏国公，朱元璋常宴请他，"有布衣兄弟称"，动辄说"徐兄功大"，备受恩宠。死后追封中山王，"赠三世皆王爵"，可谓生荣死荣。但是，武功盖世、为人谨慎、生活简朴的徐达,怎么也想象不出,在他身后,他的子孙是如何躺在其功劳簿上坐享荣华富贵的。

徐达有四子三女。长子辉祖留在南京,世袭魏国公。其余子孙大多在南京都督府所属锦衣卫指挥司里任职或挂名,通称"锦衣"。辉祖有才气,亦善兵,朱棣谋反,他曾率军反抗。朱棣攻入南京,辉祖守着徐达的祠堂,拒绝迎驾。朱棣大怒,令吏捕之供罪。辉祖仅书"其父开国勋及券中免死语",可谓大义凛然,铁骨铮铮。朱棣大怒,削其爵位,禁闭家中。永乐五年(1407)辉祖去世,直到万历时才恢复名誉,追赠太师,谥忠贞。由此可见,无论是徐达及长子辉祖,活得并不轻松。而他们的众多子孙,哪里知道先人的艰辛!诚然,其中也有个别人有所作为,而多数不过是锦衣玉食、恣情享乐之徒。他们在南京城内大造园林,据王世贞的《游金陵诸园记》所载,远在万历以前,徐达后裔所建园林,即让人目不暇接:"染指名园,若中山王诸邸,所见大小凡十。若最大而雄爽者,有六锦衣之东园;清远者,有四锦衣之西园;次大而靓美者,魏公之南园与三锦衣之北园,度必远胜洛中。"也就是说,远远超过历史上著名的洛阳名园。何以故?因为这些徐家的园林,集山、水、亭、台、花、木于一体,堪称江南山水的缩影,更何况洛阳的名园,历经战乱,早已化为冷烟寒灰。成化时的进士吴俨(字克温,宜兴人,1457—1519),在《饮魏国园亭》中写了该园深秋的景色:"台榭秋深百卉空,空庭惟有雁来红。曲池暗接秦淮北,小泾遥连魏阙东。富贵岂争金谷胜,文章不与建安同。上公亭馆无多地,犹有前人朴素风。"可见早期的徐园规模还比较小,尚有简朴之风。而到嘉靖、万历时,随着经济的高度发展,社会风气的奢靡日甚一日,徐家的园林也随之愈益豪奢。嘉靖时吴县人张元凯在《金陵徐园宴集分得壶字二首》中写道:"庐橘园千顷,葡萄酒百壶。溪声来远瀑,云影曳流苏。花落纷迎虮,萍流曲引凫。主人能好客,当代执金吾。"从此诗可以想见徐园的规模、气势,是何等宏大。而嘉靖时的一位户部主事、无锡人王问(字子裕,1497—1576)的《宴徐将军园林作》,把徐氏后代在园林中大摆酒席、笙歌鼎沸、丽姬艳舞的情景,生动地记录下来:"白日照名园,青阳改故姿。瑶草折芳径,丹梅发玉墀。主人敬爱客,置酒临华池。阶下罗众县,堂上弹青丝。广筵荐庶羞,艳舞催金卮。国家多闲暇,为乐宜及时。徘徊终永晏,不惜流景驰。"到了明末,徐氏后人浑浑噩噩,醉生梦死。其中所谓"中山公子"徐青君,更是个"垮掉的一代"的典型。他家资巨万,广蓄姬妾,在大功坊侧造园,树石亭台,极一时之盛。每到夏天,在河滨置宴,选名妓侑酒,大宴宾客,"木瓜佛手,堆积如山;茉莉芝兰,芳香似雪。夜以继日,把酒酣歌,纶巾鹤氅,真神仙中人也"。但曾几何时,这俨然"神仙中人"的日子已一钱不值。明朝灭亡后,弘光小朝廷在南京苟且偷安,群小沐猴而冠。徐青君也混迹其中,"加中都府,督前驱班列,呵导入朝,愈荣显矣"。似乎威风抖尽。但是,"曾恨红笺衔燕子,偏歌素扇染桃花"。随着清兵的渡江南下,弘光小朝廷迅速土崩瓦解,徐青君的家产被籍没,群姬雨散,他一身孑然,与乞丐为伍,潦倒到为人代杖——也就是代犯人让官府打自己的屁股。近代词曲泰斗吴梅,曾作《仙吕桂枝香·过明故宫》,抨击福王之流是"金盆狗矢",矢者,屎也。徐青君不就是一个活脱脱的金盆狗屎吗?这是徐达当年做梦也想不到的。

明代"三陪小姐"(也就是妓女)总数多少?不可确考。当时不设红灯区,但到处都是红灯区。常言道"婊子无情贼无义",但也不可一概而论。贼且按下不表。以妓而言,明代之高智商者、有情有义者、忠于故国者,均有值得书上一笔,甚至大书特书者在。

明朝初年,朱元璋曾一度对妓女采取放任态度,于是,官妓、军妓成群结队,成了一大社会问题。刘基、解缙等谋士先后上奏,提出异议,朱元璋遂明令禁止文武官吏出入妓院。如果有谁胆敢违禁,不仅要问罪,更要对所狎之妓严惩。据说朱元璋的女婿,也就是所谓驸马爷欧阳伦(按:朱元璋共生十六个女儿,其中

清人绘钱谦益像(故宫博物院藏)

河东夫人(即柳如是)像(明代画家吴焯画。轴绢本,设色。纵119.5厘米,横62.3厘米。藏美国哈佛大学福格艺术馆。采自《中国名画全集》第7册,京华出版社,2002年。明末四大名妓董小宛、柳如是、李香君、顾横波,皆美女,但传世画像,以此幅河东夫人像最真实、美丽。)

的安庆公主在洪武十四年下嫁欧阳伦,此人任都尉),是个横行不法的花花公子,有次召了四个妓女在一起饮酒,被人告发了。官府准备立即逮捕这些妓女。为首的妓女自知必死无疑,怕丢人现眼,便穿一身旧衣服,将自己的面孔弄得像猪八戒的奶奶似的,然后去投案自首。有个老吏知道这个妓女很有积蓄,便对她说:"你若给我千金,我一定帮忙,包你免于一死。"该妓讨价还价,答应给他五百两银子。这在明初,是个大数目。这个老吏便帮她出点子,说:"皇上洞察一切,难道还不知道干你们这一行的,向来十分奢侈? 你这一身打扮,又怎么能瞒得过皇上? 当心犯欺君之罪! 你应该比平时打扮得更加漂亮。"妓

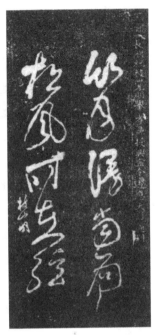

祝枝山墨迹(见《明清名家楹联书法集粹》,华夏出版社,1987 年)

女问:"怎么打扮?"老吏答道:"你好好洗个澡,然后用脂粉香膏擦遍全身,务使香气袭人,皮肤光滑如脂。首饰、衣服全部用珠宝、锦绣制成,连短裤也不例外,一定要穷尽妖艳,让人一看就夺目荡心。你能做到这一条,就万无一失。"此妓又问:"审问我时,我该怎么回答?"老吏告诉她:"什么话也甭说,不断哭就得了。"妓女一一照办。

朱元璋亲自审问这个妓女。他让妓女招供,妓女一声不吭,只是哭个不停。朱元璋大怒,对左右说:"绑起斩首!"妓女从容

不迫地解衣就缚,从外衣脱到内衣,一件件地丢在地上,但见满地珍宝,熠熠闪光,与锦衣绣服交相辉映,看得人眼花缭乱。当妓女脱光衣服,露出裸体后,只见肤色如玉,一阵阵香气袭人心脾,连朱元璋也看呆了!他十分感叹地说:"这个小妮子,就是我见了,也会被迷住的。"当场下令把妓女轰出去了事。

这个故事,见于弘治年间大名鼎鼎的四才子(唐寅、文徵明、徐祯卿、祝允明)之一的祝允明(字枝山,以字闻,至今仍是民间家喻户晓的人物)所著《野记》(见《历代小史》丛书)。此事不见于其他史籍,很可能是江南地区的古老传闻。此时朱元璋已死去百年。朱元璋对这位美妓的宽大发落,正是反映了他人性中美好的一面,或者说,百姓希望把朱元璋塑造成这样有血有肉,也好色、至情至性的皇帝。至于这位妓女,处变不惊,表演得淋漓尽致,堪称是风月场中的杰出人才。

侯朝宗像

冒辟疆中年像(采自舒湮《扫叶集》,生活·读书·新知三联书店,1987年)

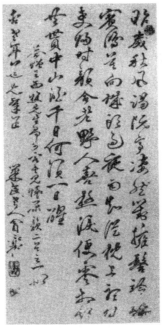

冒辟疆行书（采自《明清名人书法选》，
天津市古籍书店，1989年）

　　明英宗时的北京妓女高三，人称义娟。她面貌姣好，令昌平侯杨俊一见倾心，二人遂成相好。后来杨俊捍卫北部边疆数年，远离高三，高三闭门谢客，等待杨俊归来。天顺元年（1457），英宗复辟，杨俊为奸臣石亨（？—1460）所忌，上疏诬称英宗被瓦剌围困陷于土木堡时，杨俊坐视不救，朝廷命斩杨俊于市。临刑之日，杨俊的众多亲朋故旧，没有一个人到场，只有高三穿着素服，哀痛欲绝，并大呼："天乎，奸臣不死而忠臣死乎！"候刑毕，高三用舌将杨俊的血污舔干净，用丝线将他的头与颈缝好，买棺安葬，自己也就悬梁自尽。她以悲壮的行动，表明了青楼女子中也有重情重义者,为了不忘与杨俊的恩爱,她甘愿献出一切。

到了明末,清兵入关,明朝灭亡。与纷纷降清、指望成为清朝新贵的无耻官僚、文人形成鲜明对比的是,南京名妓李香君痛斥其情人侯朝宗立场动摇,毅然出家为尼,在庵中的青灯古佛旁终其余生。近年来南京一位史学家,经过多年研究、考察,终于找到李香君的坟墓。又如名妓葛嫩,从良后,随其夫孙克成抗清,在福建兵败被捕,清将想占有她,葛嫩大骂,"嚼舌碎,含血喷其面"(余怀《板桥杂记》卷中),被清将当场杀死。孙克成也随之壮烈殉国。抗战初,阿英曾将此事改编成话剧《葛嫩娘》,由吴永刚导演,唐若青饰演葛嫩,文坛前辈、"明末四公子"之一的冒辟疆的后人冒舒湮饰演孙克成。该剧于1939年10月在上海公演,对宣传爱国、抗日救亡,起了积极作用。至于名妓柳如是曾反对其夫降清、后来又筹集资金,秘密支持郑成功的海上抗清活动,更是广为人知。她们比法国著名小说《羊脂球》中的爱国名妓,有过之而无不及。她们的感人事迹,一样彪炳千秋。

义薄云天——马经纶冒死救李贽

马经纶字主一,又字诚所,顺天通州(今通县)人。万历十七年(1589)中进士,担任过肥城知县,后任御史,因事抗疏,被免职归里。他仰慕进步思想家李贽(1527—1602)的盛名,冒着风雪,长途跋涉三千里,至湖北黄柏山中,去救援李贽。此时的李贽,正受着麻城官府、道学家的严重迫害:他们给他扣上异端惑世、托讲学宣淫的大帽子,将他所居房舍捣毁,从麻城驱逐出境,并拆掉他准备的身后纳骨之塔。李贽被迫亡命黄柏山中。当时李贽已经七十五岁,衰老贫病,马经纶当即决定将他带到武

李贽像

昌去,后因故未去成,便"随携而北,以避楚难"。抵达通州后,
马经纶待李贽亦师亦友。李贽继续写作《易因》这本书,并与马
经纶共同读《易》,"每卦千遍",并常引苏东坡的话:"旧书不厌
百回读,熟读深思子自知。"但不幸的是,一年后,李贽又大祸临
头。万历三十年(1602)二月,礼科都给事中张问达上疏劾李
贽,极尽污蔑之能事。结果,万历皇帝朱翊钧下令:"李贽敢倡
(倡)乱道,惑世诬民,便令厂卫五城(按:指五城兵马司)严拿治
罪。其书籍已刊未刊者令所在官司,尽搜烧毁,不许存留。如有
徒党曲庇私藏,该科及各有司访参奏疏并治罪。"这样,对李贽疯
狂的政治迫害,便接踵而至。当逮捕李贽的锦衣卫成员到来时,
正在病中的李贽急问马经纶,他们是什么人。马经纶答道:"是
锦衣卫的卫士到了。"李贽立刻明白是怎么回事,他不想连累好

友马经纶,强撑着爬起来,走了几步,大声说:"是为我也。为我取门片来!"遂躺在门片上,说:"快走!我是罪人,不宜留。"马经纶甘冒极大的风险,要跟他一起走。李贽反对,说:"逐臣不入城,这是皇明祖制。而且您有老父亲在,需要照顾。"马经纶大义凛然地说:"朝廷以先生为妖人,那么我就是藏妖的人。要死就一起死,决不让先生一个人去坐牢,我却留在世上。"马经纶陪同李贽进京。到了通州城外,京中一些劝告马经纶不要随李贽入京的好友纷纷而至,他家中的几十个仆人,奉其老父之命,也哭着劝留,但马经纶都不听劝告,一路陪伴李贽入京。李贽入狱后,马经纶除千方百计设法照料他外,还上书有司,为他辩诬,指出:"评史与论学不同,《藏书》品论人物,不过一史断耳,即有偏僻,何妨折中。"并替李贽申辩:"平生未尝自立一门户,自设一藩篱,自开一宗派,自创一科条,亦未尝抗颜登坛,收一人为门弟子。"三月十五日,李贽在狱中用薙刀自刎,次日逝世。马经纶此时刚好因家中有要事返回通州,闻讯后,痛悔不已,说:"吾护持不谨,以至于斯也。伤哉!"并失声痛哭道:"天乎!先生妖人哉!有官弃官,有家弃家,有发弃发,其后一著书学究,其前一廉二千石也。"真是悲愤到了极点。马经纶将李贽的遗骸葬于通县北门外迎福寺侧,并在他的坟上建造了浮屠。马经纶对李贽救难、迎养,辩诬在前,归葬于后,都是顶着巨大的政治压力进行的,情义之重,堪称义薄云天。

"热时无处可乘凉"——明初两高僧

明初两高僧是指守仁(?—1391)、德祥(?—约1413)。考证守仁、德祥史迹,目的是据以管窥明初文字狱某些史料的真伪,及明初佛教相关情况。

郎瑛《七修类稿》卷三十四载谓:

> 元末高僧四明守仁,字一初,钱塘德祥,字止庵,皆有志事业者也。遭时不偶,遂髡首而肆力于诗云……入国朝,皆被诏至京,后官僧司。一初《题将翠》云:"见说炎州进翠衣,网罗一日偏东西。羽毛亦足为身累,那得秋林静处栖?"止庵有《夏日西园》诗:"新筑西园小草堂,热时无处可乘凉。池塘六月由来浅,林木三年未得长。欲净身心频扫地,爱开窗户不烧香。晚风只有溪南柳,又畏蝉声闹夕阳。"皆为太祖见之,谓守仁曰:"汝不欲仕我,谓我法网密耶?"谓德祥曰:"汝诗'热时无处可乘凉'以我刑法太严耶?"又谓:"'六月由浅''三年未长',谓我立国规模小而不能兴礼乐耶?'频扫地,不烧香',是言我恐人议而肆杀,却不肯为善耶?"皆罪之而不善终。

郎瑛的这条记载,未注明出处,今天我们如果想查个水落石出,颇不易。事实上,明中叶后反君

197

权的思潮在萌发、滋长,而作为这种思潮的一个侧翼,此时说朱元璋坏话的人日渐其多,民间流传着各种朱元璋奇特的故事,真真假假,不胫而走。这就是明中叶后记载朱元璋的野史,大有一哄而起之势的历史背景。而这些野史中有关朱元璋的种种逸闻,十之八九都是民间故事、三家村学究谈资的记录而已。郎瑛的上述记载,很可能也是当时民间豆棚瓜下谈话的记录。由于郎瑛的《七修类稿》涉及面极广,对后世颇有影响,他的一些错误记载、不实之词,为某些史籍所沿袭,致使历史的本来面貌堕入五里云雾。前引僧守仁、德祥因写诗而遭朱元璋忌恨,"皆罪之而不善终",即为典型的一例。

守仁、德祥二僧,生平大体皆可考。守仁,字一初,号梦观,富阳人。他在出家前,曾师事杨维桢。若干年后,杨维桢在《送兰仁二上人归三竺序》中,曾感慨系之地回忆道:

> 余在富春时,得山中两生,曰兰曰仁,天质机颖,皆有用世才,授之以《春秋》经、史学。兵兴,潜于释。来游云间……别余曰:"……儒释盛衰,实相倚伏。……某辈将参承故老,由三竺始,幸先生一言为指南。"

这里所说的"曰兰曰仁","兰"指后来也皈依佛门的兰古春,"仁"即守仁。从杨维桢所述可知,在元末风云际会中,守仁虽颖悟饱学,乃"用世才",但却无意于在政治舞台上显其身手,而潜隐佛门,念念不忘弘扬三竺。正是这种思想导致了在元末群雄纷争中,守仁无论是与方国珍、张士诚,还是与朱元璋,均无任何联系。朱元璋在南京登上九五之尊后,诏示天下,崇奉佛教,征聘天下高僧,守仁也在洪武十五年(1382)应征至南京,被授僧录司右讲经,后三考升右善世。这有利于张大佛业,与他的与世无争思想并不冲突,因此他接受了。显然,郎瑛述及的守仁曾作政治讽刺诗《题翡翠》抨击朱元璋,与守仁的思想旨趣无共通之处。

守仁才华横溢,诗歌、书法俱佳。为辨明《题翡翠》之伪,有必要考察守仁的诗作。

明清文献如《西湖游览志余》卷十四、《杭州府志》卷五十三、《武林梵志》卷九、《武林灵隐寺志》卷八等,均载守仁著的《梦观集》。但该书不见于《四库全书总目》及其他重要书目,未知尚存天壤间否?所幸载有守仁诗歌的史籍尚不少,我们不难据以辨析。田汝成的《西湖游览志余》卷十四载谓:

> 守仁一初者,灵隐寺僧也。少从杨廉夫游,善歌诗,字亦道劲,与张伯雨友善。尝题《石蟹泉》诗云:"神鳌驱水到禅家,清出龙泓味更佳。晴带浦云穿晓簖,暗随山雨走寒沙。玉脐圆映波心月,琼沫香浮沼面花。拟待春风招社客,焚香来试九溪茶。"《冲漠轩》诗云:"大化浩无迹,藐焉同太虚。灵扃钥一启,万境遂纷如。乾坤豁两户,日月跳双珠。飞光不暂驻,倏忽朝已晡。真人秉化机,燕坐究玄枢,宴心太始间,身与造化俱。抚弄盘古顶,蹴蹋康胡雏,澹然乐无为,笑傲混沌初。"《哭杨廉夫》诗云:"玉笙声断泣龙君,撼树蚍蜉谩作群。一代春秋尊正统,两朝冠冕在斯文。他生有约寻园泽,后世何人识子云?旧业门生知几在,下车空拜马陵坟。"题《张伯雨初阳台唱和卷》诗:"笙管声沉彩凤飞,朝阳出海散晴晖。一时文物推延祐,五夜丹光起太微。岁月无情诗卷在,江山如故昔人非。只应湖上梅花月,照见荒

台独鹤归。"

从上所引守仁诗可知，一是并未提及所谓《题翡翠》诗，二是将所引守仁的四首诗与《题翡翠》相比较，诗风迥异。朱彝尊的《明诗综》搜罗明人诗作，不遗余力，而且所录诸家作品，颇注意不同的体裁、风格，网罗并蓄，极有眼力，为我们留下珍贵资料。但该书卷九十所录守仁诗达二十首之多，亦无《题翡翠》。朱彝尊还明确指出："相传南粤贡翡翠，仁公进诗云：'见说炎州进翠衣……'太祖怒曰：'汝谓我法网密，不欲仕我耶？'几不获免（按：此诗不载集中，当出好事者附会）。使诚有之，必不敢进呈也。"显然，朱彝尊有幸读过守仁的《梦观集》，发现集中根本无《题翡翠》，从而断定是好事者附会到守仁名下的。这是断定《题翡翠》之伪的有力证据。

守仁真的如郎瑛所说，因作所谓《题翡翠》被朱元璋"罪之而不善终"吗？非也。钱谦益在《梦观法师仁公小传》中明确载曰："守仁……洪武十五年（1382）征授僧录司右讲经，甚见尊礼。三考升右善世。母殁，奉旨奔丧，赐镪殡殓。洪武二十四年（1391）主天禧，示寂于寺。"南洲洽公（1344—1426）赞梦观法师遗像云："右街三考左街升，跨朗笼基只一僧。遍界光明藏不得，又分京浙百千灯。"这就十分清楚，守仁在佛教事业上与朱元璋合作得不错，彼此关系融洽，最后"示寂于寺"，善终天年。所谓，"不善终"云云，实属无稽之谈。

德祥，字藤洲，号止庵，钱塘人。"书法擅名一时，有铁画银钩之妙。诗刻苦，高处逼郊、岛。"都穆曾评论他的诗说："国初诗僧称宗泐、来复，同时有德祥者，亦工于诗。其《送僧东游》云：'与云秋别寺，同月夜行船。'《咏蝉》云：'玉貂名并出，黄雀患相连。'渀、复不能道也。又《小筑》云:'草生桥断处,花落燕来初。'亦佳句。"都穆誉德祥诗超过宗渀、来复,似有拔高之嫌,见仁见智,姑置勿论,但德祥诗风恬淡,于此亦可见一斑。朱彝尊《明诗综》卷九十存录德祥诗二十五首,未录《夏日西园》诗。这二十五首诗的内容,均与时政无涉。现转录其诗三首,以便领略风貌:

> 日涉东园上,余将卜此居。草生桥断处,花落燕来初。避俗何求僻,容生不愿余。堂成三亩地,只有一车书。
>
> (《小筑》)
>
> 斯楼屡易名,一上一伤情。白屋多为戍,青山半作城。雨中春树出,风里晚潮生。亦有归鸦早,闲啼四五声。
>
> (《题镇海楼》)
>
> 溪头三月雨昏昏,落尽桃花水正浑。网得鱼多满家喜,卖时应不到城门。 (《题网鱼图》)

从这些诗看来,德祥很有田园诗人的气息,实在是乐处小筑,与世无争。那么,《夏日西园》诗,是否德祥所作,答案是肯定的。德祥著有《峒峿集》,载入《四库全书总目》卷一百七十五。钱谦益曾读过《峒峿集》,并对德祥生平有所考述。他说:"德祥……洪武初住持径山……吴之鲸《武林梵刹志》云:'止庵亦以《西园》诗忤上,几不免。'《西园》诗今载集中,不知所谓忤上者何语?野史流传不足信也。"细读《西园》诗,谁都可以明白,这不过是德祥《夏日咏草堂》诗,触景生情,形诸笔墨,所抒情怀,纯属老衲语,哪有触犯朱元璋,使之龙颜大怒的词句?因此,牧斋所言,洵为确论。当然,仅凭此点,还不足以定论。因为古往今来的文字狱制造者,诬陷、迫害文人的重要手段之一,便是无中生有,大肆罗织。判断德祥的《西园》诗,究竟有未招致文字狱之灾,还须看他与朱元璋的关系是否好、是否得善终。答案同样是肯定的。对此,钱谦益的考证最能说明问题:

> 德祥……洪武初,住持径山,临终倚座曰:"一队瞳糟汉,我争如尔何?"谈笑而逝。……公有《题倪云林、周履道书画》云:"东海东吴两故人,别来二十四番春。"又有《为王驸马赋清真轩》诗,则知公生元季,至永乐中尚在也。有和御制赐赤脚僧诗,又句容道中诗云"十年三度上京华",则洪武中应召浮屠也。

显然,德祥不仅为"应召浮屠",十年三上京华,与缙绅来往频繁,表明他与洪武政权的关系是好的。朱元璋不会无端在他的诗中,鸡蛋里挑骨头,制造文字狱。而且,德祥一直活到永乐中"谈笑而逝"。郎瑛说他因《夏日西园》诗而被朱元璋"罪之而不善终"是无稽之谈。

综上所述,郎瑛言守仁、德祥因作政治讽喻诗被朱元璋迫害云云,均属无中生有,经不起历史事实的检验。作为一代雄主的朱元璋,为加强专制主义集权,使朱明王朝的天下能传之万世千秋,确实曾滥施政治淫威,大兴冤狱、文字狱,迫害功臣凤将、知识分子,借以整顿卧榻,剪除异己。但朱元璋在世及死后相当长一段时间里,人们对其所作所为,噤若寒蝉,绝对不敢载之笔端,形成史籍。及至明中叶,作为强化专制主义君主集权的对立物,反君权思潮逐渐形成。此时的朱元璋按"新鬼大、旧鬼小"的世俗原则,已成无害的圣像,遂成议论中心,反映在野史、笔记上,

202

明太祖的事迹便真真假假，混沌一团。对此，史家不可不察；立论时须首先对有关史料去伪存真，才可能得出客观、公正的结论。

"父母官"与"乌纱帽"

"父母官"一词，今天仍是人们日常生活中的口头禅。戏曲舞台上的"父母官"，戴乌纱，穿蟒袍，前呼后拥，威风凛凛，更是人们司空见惯的典型形象。"父母"和"官"，本来是风马牛不相及的两个概念，怎么会合二为一，成为专有名词，并具有非常广泛的社会影响和历史影响呢？这就有必要刨树寻根，弄清来龙去脉。

旧版《辞海》及新版《辞源》，都有"父母官"的词条，但前者说是"旧时称州县官为父母"，并引王禹偁诗"西垣久望神仙侣，北部休夸父母官"及王渔洋《池北偶谈》"今乡官称州县官曰父母，沿明代之旧称也"；后者说是"旧时对地方官的称呼，多指县令"，也引王禹偁诗佐证。新版《辞海》基本相同，只是增引了《水浒》的一条例证。显然，这些解释大同小异，但对于我们深入了解"父母官"，却是远远不够的，更没有明确指出"父母官"究竟始于何时、盛于何时。

其实，对这个不大不小的问题，明清两朝的学者们早就注意到了。明清之际的大学者顾炎武曾指出："'父母'二字乃高年之称。"并举汉文帝曾问臣下"父知之乎""父老何自为郎"为例证。这当然是不错的，但是，这毕竟是父母一词被政治化后的一种含义，顾炎武却没有指出。而早在明代天顺年间，张志淳在研究了古籍所载的一些例证后，说："《书》曰'元后作民父母'，

203

《诗》曰'岂弟君子,民之父母'……则'父母'二字,皆人君之称也。"可见,原来先秦时代只有君主才被老百姓称为父母。但是,随着封建专制主义的建立、发展,以天子自居、雄踞九五的皇帝,对臣民仅仅称其为父母,显然觉得不够意思,因为这不过才比臣民高一辈,于是从秦汉后,"万岁""万岁爷",逐步成了皇帝的代名词、专利品(请参看拙作《"万岁"考》,载于《"土地庙"随笔》)。万岁爷们既然把原来戴在头上的"父母"冠扔了,自然会有人捡起来,并迟早要戴到自己头上去。清代乾隆年间著名考据家钱大昕,曾写了一则读史札记,题目就叫"父母官",他从分析王禹偁的诗篇入手,得出明确的结论:"父母官之称,宋初已有之矣。"这个结论是符合历史实际的。但是,官们被称为"父母官",风行天下,毕竟还是明朝特别是明中叶以后的事。宣德时,慈溪县令对百姓说:"汝不闻谚云'灭门刺史,破家县令'乎?""一父老对曰:某等只闻得'岂弟君子,民之父母',县令闻之默然。"于此我们不难看出,这里官们与父母已经画上等号。而张志淳的记载,更是一清二楚。"今天下士夫皆称本府州县官为父母大人,称者以是外得忠厚之名""内取身家之利,见称者以是外托尊崇之名,内获结托之利,故交相尚而不可解矣""'父母'二字……今通以加之府州县官,甚至邻州县封府,又甚至主簿典史,又甚至称府官为祖父母,称布政为曾祖父母"。官们不仅被称父母,还随着权势升格为祖父母、曾祖父母,真是令人恶心。但是,当你知道明朝皇帝早已终日被人们高呼万岁、万万岁,太监被尊为公公、老公公,大太监魏忠贤被尊称九千九百岁,父母官们连升三级,也就不足为奇了。不过,明朝的"主簿典史",即胥吏,也被称为"父母官",实在是史无前例。明朝中叶,特别是明末,胥吏把持政务,贪赃枉法,流毒天下,顾炎武曾痛斥明朝的数十万胥吏"皆虎狼也",这些虎狼也成了百姓的"父母",天下苍生的凄惨命运也就可想而知,由此也就导致了必然的历史结局:李自成、张献忠等揭竿而起,天下大乱,直至把"父母官"们统统打翻在地,连同他们的主子崇祯皇帝!

在中国漫长的封建社会里,从阶级本质上说,官民是始终对立的。钱大昕说得好:"虽天下无不爱子之父母,而却有不爱百姓之官,甚至假其势,以恣其残暴,苟有人心者,能无顾名而惭且悔乎!"这真是一针见血之论。事实上,在古代、近代、旧中国的沉沉黑夜里,真正"有人心"爱百姓,在当官期间没做过一件对不起百姓的事,而在临死前不惭、不悔的,又有几个呢?"三年清知府,十万雪花银""火到猪头烂,钱到公事办"之类的民谚,早已做出了历史的结论。

乌纱帽原是官帽的代名词,演变至今,已成了官的同义语了。区区乌纱帽,何至于如此闪闪发光,浸透衙门气息?这自然也是有个发展过程的。查旧版《辞海》"乌纱"条,谓"古官帽名",当然无误,但读了此条,失之太简,仍不能使人明白乌纱帽的来龙去脉。

其实,乌纱帽早先并非官帽。唐代大诗人李白有首《答友人赠乌纱帽》诗,谓:"领得乌纱帽,全胜白接䍦。山人不照镜,稚子道相宜。"如果望文生义,以为李白既然戴了乌纱帽,一定是做了官了,那就错了。乌纱帽在唐代与"白接䍦"一样,是一种日常便帽。因此,李白此诗所写,只是隐处期间的一件小事。

明朝冠服,皆损益前代之制,仔细考察,变化不少。洪武三年(1370)规定:"凡文武官常朝视事,以乌纱帽、圆领衫、束带为公服。"同时又规定,凡是年老退休的官员,以及侍奉父母辞闲之官,允许继续戴乌纱帽;而因事罢官者,则服饰与百姓一样,不允

205

许再戴乌纱帽。显然,明朝将乌纱帽与官紧紧束缚在一起,加以制度化,这就使乌纱帽与封建特权画上了等号,从此也就与芸芸小民无缘,见戴乌纱帽者,他们只能惶惶如仰视,不敢随便平视了。

历代封建专制王朝无法根治的一个重要弊端,便是冗官之滥,宋、明尤甚。明中叶后,官僚政治机构日益膨胀,官多如毛,乌纱帽也就滔滔天下皆是,并越来越高。万历时有人见到南京留守、中卫指挥解元先祖解道(按:解道是洪武时人)画像,"年二十许,乌纱矮冠",可见明初乌纱帽尚未高耸,而至中叶,则风气大变。如正德时兵部尚书王敞,"纱帽作高顶,靴作高底,舆用高扛,人呼为'三高先生'"。乌纱帽如此考究,需求量又如此之大,这就使冠帽铺生意兴隆,应接不暇。有首《折桂令·冠帽铺》的曲子谓:"大规模内苑传来,簪弁绥缨,一例安排。窄比宽量,轻漆慢烙,正剪斜裁。乌纱帽平添光色,皂头中宜用轻胎。帐不虚开,价不高抬。修饰朝仪,壮观人才。"所谓"壮观人才"恐怕多数——至少是相当一部分——名不副实。诚然,有明一代将近三百年间,头戴乌纱帽者,固然也有国家栋梁、风流绝代者在,但中叶以后,选举、考课制度松弛,弊病丛生,博得乌纱者,往往一不知典章因革,二不知钱谷兵农,刘瑾、魏忠贤之流宦官专政时,更是"一人得道,鸡犬升天"。拍马有术者,拔据要津;持异议者、行直道者,则丢乌纱,遭迫害。晚明势如水火、沸沸扬扬的党争,就争权夺势而言,实际上也就是争夺乌纱帽的斗争。嘉靖时的著名词人冯惟敏谓:"乌纱帽满京城日日抢,全不在贤愚上。新人换旧人,后浪催前浪,谁是谁非不用讲。"同一时期的文学家薛论道也愤然曰:"软脓包气豪,矮汉子位高,恶少年活神道。爷羹娘饭小儿曹,广有些鸦青钞。银铸冰山,金垂犀钓,今日车明朝轿。村头脑紫貂,瘦身躯绿袍,说起来教人笑。"显然,是非颠倒、不讲贤愚的结果,只能是抢到乌纱头上戴,管他人才不人才!"三年清知府,十万雪花银",这句古老的民谚,道出了封建社会几乎无官不贪的本质。清朝人说得更直白:"纱帽底下无穷汉……一切官之父族母族妻族,甚至婢妾族,以亲及亲,坐幕立幕,皆在纱帽底下……词讼通关节,馈送索门包,肉食罗绮……无所不至,故曰'无穷汉'。"一言以蔽之,一顶乌纱帽,庇荫无数人。唯其如此,有些人对乌纱帽奉若神明,"只贪个纱帽往来,便自心满意足"(《二刻拍案惊奇》卷十五)。有的人甚至偷偷地弄顶假乌纱帽戴在头上,过过画饼充饥式的官瘾。明朝有首民歌,对此做了生动的刻画:"真纱帽戴来胆气壮,你戴着只觉得脸上无光,整年间也没升也没个降,死了好传影,打醮好行香。若坐席尊也,放屁也不响。"这种社会风气,只能导致乌纱帽更加特权化,使官本位之风,越吹越烈。

但是,物极必反,至明末,官场已是腐败透顶,乌纱帽简直成了黑暗的象征。明人小说中有个盗魁曾尖锐地呼号:"如今都是纱帽财主的世界,没有我们的世界,我们受了冤枉哪里去叫屈?况且模糊贪赃的官府多,清廉爱百姓的官府少。"随着明朝的灭亡,一顶顶乌纱帽落地,作为一种制度化的官服,乌纱帽终于在中国历史上画了句号。

酒 色 财 气

酒色财气,出现在人们口语中的历史,不算很悠久。清初浙江仁和学者翟灏撰《通俗编》卷二十二"妇女"类"酒色财"条谓:《后汉书》杨秉尝从容言曰:"我有三不惑,酒色财也。王祎《华川厄辞》：财者，陷身之阱；色者，戕身之斧；酒者，毒肠之药。人能于斯三者致戒焉，灾祸其或寡矣。按：明人更益以气为四，今习为常言，莫知其原只三也。"翟灏的这番解释，影响很大，为《辞海》等工具书所沿袭。其实，翟灏指出汉时仅有"酒色财"的说法，是正确的；而说直到明朝，才增加"气"字，形成"酒色财气"一词，则与历史实际不符。商务印书馆编者在重印《通俗编》的"出版说明"中指出："又如'酒色财气'一条，以为起于明人（按：《东南纪事》卷一已有此语），可知在宋代已经流行。"（按：此处《东南纪事》乃《东南纪闻》之误）。《东南纪闻》共三卷，见《守山阁丛书·子部》，另有《墨海金壶》《四库全书》本。原文是："韩大伦，靳王曾孙也……翁慨然呼以入，时十七八矣。翁立之于前作色曰：我有四个字，汝能不犯戒，则留，不然去耳。请问之，曰：酒色财气也。"不过，据管窥所及，"酒色财气"一词固然始于宋，但成为人们口语中普遍使用的家常话，仍然是明朝的事。明朝宁献王朱权撰杂剧《冲漠子独步大罗天》，其中有如下描述："［冲漠云］这厮好生无礼，怎敢这般捉弄我。［做怒科］……［外末云］却不道修行人除了酒色财气这四件，才做的修行人。你近日动不动便要打，怎么做得修行人。"此一例也。更典型的例子，莫过于万历十七年（1589）大理寺评事雒于仁的奏疏。此疏献《四箴》以谏，略谓："臣闻嗜酒则腐肠，恋色则伐性，贪财则丧志，尚气则戕生……臣今敢以《四箴》献……《酒箴》曰：耽彼曲蘖，昕夕不辍，心志内惛，威仪外缺。神禹疏狄，夏治兴隆。进药陛下，醺酗勿崇。《色箴》曰：艳彼妖姬，寝兴在侧……进药陛下，内嬖勿厚。《财箴》曰……隋炀剥利，天命难谌。进药陛下，货贿勿侵。《气箴》曰：逞彼忿怒，恣睢任情，法尚操切，政魅公平。虞舜温恭，和以致祥，秦皇暴戾，群怨孔彰。

进药陛下,旧怨勿藏。"雒于仁不仅指出万历皇帝朱翊钧"酒色财气",病入膏肓,并对症下药,贡献箴言,这是何等的胆识!疏入,朱翊钧大怒。刚好当时正值年底,只好将此疏留下再说。过了十天,也就是次年正旦,朱翊钧将阁臣申时行等四人,召到毓德宫,抱怨说:"朕昨年为心肝二经之火时常举发,头目眩晕,胸膈涨满,近调理稍可。又为雒于仁这本肆口妄言,触起朕怒,以至肝火复发,至今未愈。"并极力辩解:"他说朕好酒,谁人不饮酒?若酒后持刀舞剑,非帝王举动,那是有事。又说朕好色,但宠贵妃郑氏,朕只因郑氏勤劳……何尝有偏?他说朕贪财……朕为天子,富有四海之内……天下之财,皆朕之财。朕若贪张鲸之财,何不抄没了他?又说朕尚气,古云'少时戒之在色''壮时戒勇戒斗',勇即是气,朕岂不知?但人孰无气?"并一再声言:"朕气他不过,必须重处。"经申时行等一再劝说,才同意让雒于仁"使之去任可也"。从此,雒于仁被罢黜为民,老死田园。显然,万历皇帝拒谏饰非,毫无自我批评。事实上,他是明朝皇帝中"酒色财气"的典型,尤其在贪财好货、吸食鸦片方面,更是明朝乃至整个中国古代皇帝中的臭名昭著者。清初史家总结明亡教训,每有人指出明亡实亡于万历,这是有相当道理的,"酒色财气"之祸,可谓大矣!

当然,应当看到,明代人们对"酒色财气"的否定,难免带有当时思想水准的痕迹,某些言论一概笼统地反对饮酒、近色、聚财之类,散发着道学气息,这是不可取的。常言道:好事太过必为殃。像万历皇帝之流那样的"酒色财气"迷,均已走向反面,不独危害自己,更重要的是危害社会,理应遭到世人的唾弃。

一字不堪疗饥腹——塾师

　　现在的年轻一代,恐怕对塾师是很陌生的了。虽说余生也晚,入籍地球是民国二十六年,其时国民小学已相当普及,但在穷乡僻壤,家塾、私塾仍然为数不少。犹忆儿时见村民用红纸写上五个大字,供在正屋中,问是何字,答曰"天地君亲师"。又问"君亲师"何义? 一老者告我:师即私塾先生。可见在田夫野老心目中,塾师的形象是崇高的。

　　从某种意义上说,我在童年时所感知的塾师,实在也是古今塾师的缩影。稽诸史籍,从宋朝直至近代,塾师不仅一脉相承,待遇、地位、授课内容、门徒状况等,大体上倒真是差不多,明朝的塾师几乎也一样。

明中叶著名画家仇英《临宋人画册》十五幅画作之一
《村童闹学图》部分(上海博物馆藏)

（一）因陋就简的教学环境

私塾、家塾，是有区别的。简言之，弟子从塾，是为私塾，而师从弟子，则当为家塾。显然，若非权贵与富室，是不可能设家塾的。因此，家塾为数甚少，《牡丹亭》中的杜丽娘、《红楼梦》中的林黛玉，这两位多愁善感的千金小姐，因都出身于官宦人家，才得以在家塾中上学，而广大的百姓子弟，都是在私塾中受教育的。多数私塾都很简陋，乡间最差的私塾，我们从"漆黑茅柴屋半间，猪窝牛圈浴锅连"的诗句中，不难想见其寒碜状。

教学环境如此窘迫，教学对象又如何呢？一般来说，儿童均较顽皮，以至时下口语中，仍有"家有三担粮，不教猢狲王"的说法。此说由来已久，明朝即已流行"我若有道路，不做猢狲王"语，而据郎瑛老先生考证，此"本秦桧之诗也。秦盖微时为童子师，仰束脩自给，故有'若得水田三百亩，这番不做猢狲王'"。明末杭州人周楫编的《西湖二集》卷三，描写有位叫甄龙友的塾师，某日"写了一张红纸，贴于门首道：'某日开学，经蒙俱授。'过了数日，果然招集得一群村学童，纷纷而来，但见'一群村学生，长长短短，有如傀儡之形，数个顽皮子，吱吱哇哇，都似蛤蟆之叫。打的打，跪的跪，哭啼啼，一般阎王拷小鬼。走的走，来的来，乱嚷嚷，六个恶贼闹弥陀（按：一种游戏名称）。吃饭迟延，假说爹娘叫我做事；出恭频数，都云肚腹近日有灾。若得重阳，采两朵黄花供师母；如逢寒食，偷几个团子（按：用糯米粉做的食品）奉先生'"。这将乡间私塾学生的顽皮而富有人情味，刻画得活灵活现。当然，这并不等于说，私塾是没有纪律、放任自流的。不少塾师，均很威严，教鞭与戒尺，对捣蛋鬼并不留情。尤其是戒尺在那些顽童手心开花的结果，对多数学生是具有震慑作用的。因此。直到近代，四川、江苏把儿童入塾进学叫"穿牛鼻子""收骨头",这是不难理解的。故明人剧本《双鱼记》描写私塾学生唱《光光乍》曲子谓:"早晚嘴喳喳,读得眼睛花,今日先生出去耍,大家唱着光光乍。"你看,先生一走,学生如脱枷锁,是何等欢娱。不过,平心而论,要当好塾师,教好学生,殊非易事。明代嘉靖、万历年间著名作家朱载堉写的《醒世词》中,有首《教学难》,谓:"教学难,教学难,好将道义惹仇嫌。出入由人管,饥寒谁可怜。打他就说不读罢,不打又说师不严。"世情诡如云,人情深似海,某些塾师对待学生严了,固然会受到家长的指责;但略放松些,也会受到世人的嘲笑。

（二）配合农耕情形的教学课程

私塾的教学内容,相当贫乏。以明代而论,万历以后,世人急功近利,将课程简单化,史载:"涂抹《四书》,几圈外注全涂抹,其正注《学》《庸》十涂一二,《论》《孟》十涂四六。嗟乎,若当二祖朝,此等人服上刑奚疑。所以然者,末世人善教子,急于进取,故妄为简省而不顾。"一般村塾,不过教授《百家姓》《千字文》《龙文鞭影》《四书》之类,而凡经书,则仅知片言只语,不解文义,全靠死记硬背,无怪乎有"读《中庸》,屁股打得鲜红"之说。清中叶海昌文人郭臣尧,曾有《村学》诗谓:"一阵乌鸦噪晚风,诸徒齐逞好喉咙。赵钱孙李周吴郑,天地玄黄宇宙洪。《千字文》完翻《鉴略》,《百家姓》毕理《神童》。就中有个超群者,一日三行读《大》《中》。"这对古代私塾所学课程,是颇形象、幽默的概括。很多私塾并非日日上课,村塾适应农村耕作情形,农忙时放假。家境贫寒者,自小即随父兄田间耕作。笔者儿时虽发蒙即读小学,但三夏、三秋大忙季节,学校秉承私塾遗风,即放假半月,从拾穗始,渐次插秧、割稻、挑谷担等,无所不为矣。犹忆民国三十四年,家乡先旱后淹,笔者时年方九岁,即与兄嫂踩水车排水,烈日下汗淋如雨,暴晒数日,身上即脱了一层皮,宛如蛇蜕。回首当年,仿佛昨日事,令我感喟不已。

塾师的文化水平,固然参差不齐,间亦有才华横溢、学富五车者在,但多数人却平平,甚至有些人不仅迂腐,而且错别字连篇,此辈授徒,只能是谬种流传,误人子弟。明代嘉靖时田汝成辑撰《西湖游览志余》卷二十五载谓:"曹元宠《题村学图》云:'此老方扪虱,众雏争附火,想当训诲间,都都平丈我。'语虽调笑,而曲尽社师之状。杭谚言:社师读《论语》'郁郁乎文哉',讹为'都都平丈我'。委巷之童,习而不悟。一日,宿儒到社中,为正其讹,学童皆骇散。诗人为之语曰:'都都平丈我,学生满堂坐。郁郁乎文哉,学生都不来。'曹诗盖取此也。"读来令人发噱。当然,这是极个别的典型例子,倘若多数塾师水平都如此庸劣,恐怕私塾也早就关门大吉了。

(三)塾师的辛茹令人心酸

塾师的待遇很低,过着清苦、寂寞的生活。明中叶江南太仓有位叫沈质的塾师,家徒四壁,一夕寒不成寐,穿窬者穿其壁。沈质知之,口占云:"风寒月黑夜迢迢,辜负劳心此一遭。只有破书三四束,也堪将去教儿曹。"穿壁者一笑而去。看来,沈质家除了几本破书外,别无其他值钱之物。而明代嘉靖年间江南一位姓王的塾师所作近千字的长诗《屈屈歌》,则写尽了塾师的辛茹:"屈屈复屈屈,仰天难诉乖造物……初心只说教书好,谁知教书无了期……今年已去复明年,寒毡冷凳俱坐穿。寂寞一饭小窗下,冷落三杯孤灯前……先生虽读万卷书,一字不堪疗饥腹。物薄礼微为束脩,受他便作无罪囚……白云满目雁南飞,落日青山啼子规……"教书先生竟成了"无罪囚",这是多么令人心酸。晚明"厚嫁女而薄延塾师"成为一些地方的社会风气,塾师的命

213

运也就更加可想而知了。

防 骗 新 书

德国的大哲学家黑格尔曾经说过,人与人之差,甚于人与猿之差。看来,只要有人类的地方,不管是什么样的社会制度,总会有大大小小、形形色色的骗子活动着,多数上当受骗者可怜而值得同情,少数并不可怜因而不值得同情。社会前进的脚步,总是伴随着正、反、合的节拍。有正必有邪,有邪必有正,一种思想存在,必有另一种相反的思想产生,与之对立。因此,既有骗人之术危害社会,必有防骗之术净化社会。好多年前,我就曾经想过:我国的古书汗牛充栋,甚至连强盗、骗子都写过专书,如明朝万历年间江南的大盗邱老四,就写过强盗经《胠箧秘诀》,某些文人称之为《暴客阴符经》。那么,一定会有有识之士,写过揭穿骗子伎俩、擦亮人们眼睛、防止上当、杜绝骗术的书。后来从一些书目上,果然看到有一本,《新刻江湖历览杜骗新书》,计四卷,题作清朝人张应俞撰。日本昭和五十年,京都大学人文科学研究所曾用东京内阁文库藏存仁堂陈怀轩刊本影印。而同书又有更早的版本,名《江湖历览杜骗新书》,仅一卷,也题作清人张应俞撰,由五濑龟贞训译,文政元年皇都书林菱屋孙兵卫刊行(见《京都大学人文科学研究所汉籍目录》)。可是,我一直没有机会读到这本书。我查了国内的一些大图书馆的藏书目录,并请友人杨志清先生代查,迄无结果。但是,真可谓踏破铁鞋无觅处,得来全不费功夫,1991 年秋天,美国加州大学研究中国历史的万志英副教授(Richard Vonglahn)来访,交谈中,说起我正在写作《明代商业文化初探》的长篇学术论文,论文虽已写完,但感到对明朝骗子危害商业的行径揭露不够时,他微笑着,从旅行包中取出一本复印本的书,顿使我眼睛一亮,原来正是《杜骗新书》!而全称则是《新刻江湖历览杜骗新书》,题作浙江夔衷张应俞撰。这位碧眼、大胡子的万博士,曾多次到日本和台湾地区看书。他告诉我,他曾在东京大学东方文化研究所看到万历刻本的《杜骗新书》,那么作者当然是明朝人,而不是清朝人。蒙万博士慨允,我将此书复印,快读一遍,不时露出会心的微笑。可以毫不夸张地说,此书真让人拍案称奇。奇在何处? 奇就奇在:《杜骗新书》形象、真实地反映了明朝中叶后光怪陆离的骗子,及五花八门的骗人勾当。随着社会经济的发展,商品流通日趋活跃,明朝到了正德、嘉靖、万历时期,人们的商业活动参与意识普遍大为提高,上从皇帝、宦官、大臣,下到士兵、百姓,都积极经商,世人遇到一件物品,开口就是:"有便宜的吗?"当时有位姓沈的书生曾不胜感慨地说:"汝家要便宜,却不顾这家失便宜。"大家都想"占便宜"的结果,导致更多的人离乡背井,投入走南闯北的商业大军的行列。另一方面,应运而生,社会上形成一支庞大的江湖客,如侠客、光棍、游方光棍、游嘴光棍(大体类似今日流氓、混混)骗子、乞丐群落、小偷、强盗、三姑六婆等等。他们中的绝大多数人,用各种不正当的手段谋生,其中危害最大的,是出没于江湖、随处可见、披着各种外衣、有多种面孔的骗子。所谓"我家田地在江湖,不用耕兮不用锄,说话未完苗已秀,再谈几句便收租",简直就是这些骗子的江湖宣言。你看,不耕不锄,话还没完苗已长成,再谈几句,田租居然已经到手。这种专做无本生意的江湖耕耘客,除了一个"骗"字外,哪里还有其他。他们的种种鬼蜮伎俩,不仅使很多人——特别是那些初涉江湖、社会阅历太少的人——上当受骗,更毒化了社会,使流氓意识恶性膨胀,在各个阶层蔓延。而《杜骗新书》虽然全书仅三卷,却按照骗子的行为方式,分成二十四个门类,即脱剥骗、丢包骗、换银骗、诈哄骗、伪交骗、行骗、赌骗、露财骗、谋财骗、盗劫骗、强抢骗、在船骗、诗词骗、假银骗、衙役骗、婚娶骗、奸情、骗妇人骗、买学骗、僧道骗、炼丹骗、法术骗、引嫖骗等,真是洋洋大观,把骗子们一个个揪到阳光下示众,使他们原形毕露。值得注意的是,本书在书目上被列为小说类,而古代小说的概念,比今天杂泛得多。严格地说,本书类似今天的法制纪实文学,或法律故事汇编,以后者更近似。书中所述,并非张应俞凭空杜撰,都是有事实根据的。看来,这些故事的来源有二:一是社会新闻,二是文献(包括文集、笔记、邸报等)。书中所说的一些人和事,今天我们还能找出原始记载,如卷二写唐伯虎、祝枝山等至扬州骗盐使的钱,见于《自醉墩言》等书,文字也基本相同。又如紧接这则故事的,是陈全骗妓的故事,陈全虽然并非大名人,但也是实有其人的。此公是南京人,很聪敏,喜欢浪游。有一天他误入禁地,被太监抓住,陈全跪下说:"小人是陈全,祈公公见饶。"太监听说陈全很会说笑话,便说你可以说个一个字的笑话,如果能让我笑,方才放你。陈全立即说:"屁。"太监说:"这是什么意思?"陈全答道:"放也由公公,不放也由公公。"太监听后哈哈大笑,便把他放了。事见明人冰华生(即江进之)《雪涛小书》,显然,本书关于陈全骗妓的故事,不会是空穴来风。

十分难得的是,本书的每则故事后面,都附有张应俞写的评论。他用朴实无华的笔墨,分析这则故事中骗子所用的手法,以及被骗者应当吸取的教训。他告诫世人要谨防上当受骗的拳拳之心,真是溢于言表。

还应指出的是,这本书对研究明代社会生活史、经济史,尤其是明代商业史,具有很高的史料价值。书中对牙行的经营方式、各种物价的记载,各地(特别是南方)的贸易情形等等,应当引起学者们的重视。

令人遗憾的是,本书撰者张应俞的生平,还有待详细考证。

从本书的各条评论可以看出,张应俞是怀有正义感,并有强烈社会责任心的下层知识分子。他憎恨贪官污吏,同情小民百姓,而对江湖骗术深恶痛绝。他既不信鬼神,也不信歪门邪道。从全书看来,尽管他不断揭露骗术及与之相关的各种丑恶行为,但他的情操是高尚的,并不采取自然主义的手法,去津津乐道于犯罪细节,对淫秽行为绘声绘影。因此,用今天的话说,张应俞笔下不涉黄。明中叶后,统治阶级上层人欲横流,淫乱不堪,社会风气腐败,对比之下,张应俞真可谓众醉独醒,出污泥而不染了。也正因为如此,他写的这本书,才会成为严肃的、有益于世道人心的好书。当然,作为古代文化载体的古书,毕竟是古代特定时期的产物,即使是一本好书,就像今天我们打捞起古代的沉船一样,尽管装满财宝,但也难免夹有泥沙。本书中的"尼姑撒珠为奸媒"的故事,今天看来就不大适合再向读者推荐。

骗子自古有,于今为烈。近几年来,伴随着商品经济的发展,历史上的沉渣重又泛起,形成一大批新的江湖客,用各种骗术,上坑国家,下坑百姓。但是,尽管他们欺骗活动的内容与几百年前有所不同,但大体而言,手法却是一脉相承的,无非是"黑漆漆装下了陷人坑,响当当直说出瞒天谎"。

一本奇特的伪书

明代万历年间,有一本颇引人入胜的奇书,在士林间悄悄流

217

传。书前有因嘉靖大礼议案而遭贬斥云南的大名士、大学者杨慎的题词，说是得于安宁州土酋董氏家，是海内孤本，书名叫《汉杂事》，一卷，但卷首又有"秘辛"二字，故名《汉杂事秘辛》。杨老先生还特别指出，书中"吴某入后燕处审视一段最为奇艳，但太秽亵耳"，这就越发激起读者的好奇心。好睹秘辛、奇艳，乃不少文人之常情也，因此，读者争相传抄。嘉兴的包衡先生购得一本，视为珍宝，准备除夕时"聊当椒盘"。刚好有友人来，见之大喜，便将此书介绍给沈士龙、胡震亨两位先生，刻入《秘册汇函》，从此更是不胫而走，影响深远。时人谢肇淛赞不绝口，谓"叙女宠者，至《汉杂事秘辛》极矣……所谓'扪不留手''火齐欲吐'等语，当与流丹浃藉竞爽，而文采过之……此等文字，今人不能作也"。显然，他认为《汉杂事秘辛》确实出自汉朝人的手笔。直到近代，一些学者仍对之很赏识，甚至连学术大师梁启超老先生，也一度把它当作汉代野史看待。已故史学家陈登原教授早年著的《中国妇女生活史》，曾引用此书的内容，论述汉代妇女情状。然而，这本书却是一本伪书，它的作者不是汉代某氏，而正是杨慎本人。

　　让我们先看一看《汉杂事秘辛》的主要内容。本书写的是东汉梁冀家事，其时汉桓帝选妃，看中了梁大将军的小姐梁莹，由皇太后派一个保姆，去检查梁小姐的身体，不仅让梁莹脱光衣服，对她身体的各部位长度做了记录，如"自头至底长七尺一寸，肩广一尺六寸，臀视肩广减三寸，自肩至指长各二尺七寸"等等，更仔细观察了梁小姐的肌肤、私处，但见"肌理腻洁，扪不留手，靓前方后，筑脂刻玉。胸乳菽发，脐容半寸许珠，私处坟起，为展两股……此守礼谨严处女也"。桓帝听了情况汇报后，很满意，遂迎梁莹入宫，册立为懿德皇后。这个故事不仅富有传奇色彩，对裸女的描绘，更摇人心目。但稽诸学术史，就会发现破绽：传奇乃唐、宋始有的文学形式，东汉何能有？对裸女的刻画入微，也是唐、宋以后，特别是明朝才有的事，汉代不会有。更明显的是，书中还写了梁莹的缠足状，而缠足（俗称裹小脚）是五代以后才有的陋俗。明代学者胡震亨等人，更从制度、仪礼等方面，指出书中的一些记述，与汉代实际情况不符。后来，沈德符终于揭穿了事实真相，指出："近日刻《汉杂事秘辛》……以为始于东汉。不知此书本杨慎伪撰，托名王忠文得之土酉家者。杨不过一时游戏，后人信书太真，遂为所惑耳。"六十多年前，梁启超在清华研究院授课时，在坦承上当后，即指出，此书疑即晚明时杨慎所作。杨老先生文章很好，手脚有点不干净，喜欢造假。当然，伪书不等于废书。用《汉杂事秘辛》研究汉代，那实是笑话；但用以研究明代的文化史，还是很有价值的。

吴中画派四杰的深谊

明朝前期画坛的唐寅（1470—1524）、文徵明（1470—1559）、徐祯卿（1479—1511）、祝允明（1461—1527）被称为"四杰"。他们在画坛上具有重大影响，唐寅、祝允明更因民间传说、弹词、戏曲的渲染，至今仍是家喻户晓的人物。自古文人相轻，但"四杰"之间，并不因各人均才高八斗而互相轻慢。相反，他们过往甚密，甚至患难与共，留下很多佳话。

唐寅字子畏，又字伯虎，自号六如居士、桃花庵主、逃禅仙吏、江南第一风流才子等。他是吴中画派的代表人物之一，与大画家沈周（1427—1509）、仇英及其好友文徵明，在美术史上光芒四射，被称为"明四家"。弘治十一年（1498），应天府乡试第一。

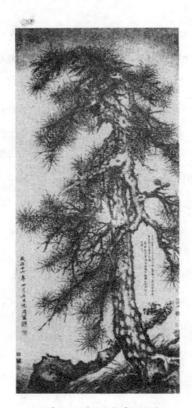

沈周《松石图》（故宫博物院藏）

当时座主梁储（1451—1527）对他的文章很欣赏，看罢考卷惊叹曰："士固有若是奇者耶，解元在是矣。"除鼓励慰勉外，返京后，还将他的文章推荐给次年会试主考程敏政观看，并赞扬说："其人高才，此不足以毕其长，唯君卿奖异之。"后来，唐寅即涉嫌和程敏政作弊，"交通题目"，被废弃科考终身，程敏政亦被迫辞官归里。唐寅经受这场磨难后，深感仕途险恶，放浪形骸于酒色山水之中，诗文绘画的名声却誉满四海。在宁王朱宸濠的叛乱中，他故意佯狂酗酒，荒诞无礼，得以保全清白，因而也给他带来更

文徵明行书（见《明清名人书法选》，天津市古籍书店，1989 年）

大的名声。他"颓然自放，谓后人知我不在此"，而内心是孤寂的。

　　文徵明，初名文璧，以字行，后更字徵仲，别号衡山。他在十六岁时，其父温州知府文林卒，吏民醵千金致意，他全部退还，而因其父是位清官，无家赀，他穿的衣服都很破旧。朱宸濠曾重金礼聘，他辞病不赴。他的诗文书画，成就很大，人皆宝之，但他却从不用来与富豪权贵做交易。周、徽等藩王"以宝物为赠，不启封而还之"。可谓才华横溢，铁骨铮铮。他活到九十岁，堪称人瑞，晚年经常告诫其子孙："吾死后，若有人举我进乡贤祠，必当严拒之。这是要与孔夫子相见的。我没这副厚脸皮也。"他的自谦自律，足为世人风范。

221

唐寅《空山长啸图》(故宫博物院藏)

文徵明《惠山茶会图卷》局部(故宫博物院藏)

祝允明,字希哲,号枝山,长洲人。"五岁作径尺字,九岁能诗。""超颖绝人,读书过目成诵,巨细精粗,咸贮腹笥。"弘治壬子(1492)举于乡,后连试礼部不第,除兴宁知县,迁应天府通判,不久即辞归。因其右手枝指,自号枝指生。他好酒色六博,善度新声,有时还粉墨登场。海内慕其盛名,携银登门求文求字的,他动辄拒而不见,而等他冶游时,"使女伎掩之,皆捆载以去"。回家不问七件事,得钱便在家中呼朋唤友豪饮,花光拉倒。出门时,往往屁股后面跟着向他讨债的人。去世时,几乎连办丧事的钱都没有。

徐祯卿,字昌毅,一字昌国,常熟人,后迁吴县。他"天性颖异,家不蓄一书,而无所不通",精于诗歌,"文章江左家家玉,烟月扬州树树花"之类警句,传诵一时。弘治乙丑(1505)举进士,由于其貌不扬,只授大理左寺副,后因罪被贬为国子监博士,卒时才三十二岁。史书评论他:"诗熔炼精警,为吴中诗人之冠,年虽不永,名满士林。"

由此可知,上述四人皆非等闲之辈。他们基本上在童年时就认识。其中祝允明年龄居长,比唐寅、文徵明大十岁,而这两位又比徐祯卿大约长十岁。唐寅和祝、文二氏,关系则更为密切。文徵明的画师承沈周,而唐寅也是沈周间接的学生。弘治十二年(1499),唐寅卷进科场风波,身陷图圄后,写信给文徵明,希望他看在友谊的份上,照顾自己的弟弟唐申,文谓:

……仆幸同心于执事者,于兹十五年矣。

……吾弟弱不任门户,傍无伯叔,衣食空绝,必为流革。仆素论交者,皆负节义,幸捐狗马余食,使不绝唐氏之祀,则区区之怀,安矣乐矣!尚复何哉?唯吾卿察之!

223

后来又在给文徵明的信中,真诚地袒露心迹。晚明小品文大家袁中郎(1568—1610)读后,非常感动地说:"真心实话,谁谓子畏狂徒者哉?"这封信的全文较长,其中有谓:"诗与画寅得与徵仲争衡;至其学行,寅将捧面而走矣。寅师徵仲,唯求一隅共坐,以销熔其渣滓之心耳。"

由此可知,文徵明平素生活很检点,不肯涉足色情场所,与唐寅的浪漫行径,可谓大异其趣,但却能道不同而相谋,并成为莫逆之交。据明人《蕉窗杂录》载,唐寅有时捉弄文徵明,某次他先将妓女藏在舟中,然后邀文徵明周游石湖,酒半酣,唐寅高歌,叫妓女出舱敬酒,文徵明大吃一惊,执意离船而去,几乎跌入水中,只好雇了一艘小船回家。

文徵明与祝允明的交谊,在他们的上一代就已开始。文徵明学字于祝允明的岳父李应祯,李死后家贫无以为殓,就是由文徵明的父亲文林筹办丧葬之费的。祝允明与唐寅更是情投意合,不是弟兄,胜似弟兄,唐寅早年放浪纵酒,祝允明规劝他,唐寅因此苦读一年,得戴解元桂冠。唐寅卒后,祝允明哀痛至极,梦魂萦绕,写了《梦唐寅徐祯卿》,亦有张灵《哭子畏》《再哭子畏》等诗,怀念之情溢于字里行间。他还亲笔写了《唐伯虎墓志铭》,堪称是他与唐寅友谊的实录。

大概唐寅和祝允明都是性情中人,又是肺腑之交,制造了不少风流轶事,甚至直到今天,仍在民间流传。如:唐寅曾夏天拜访祝允明,刚好是允明醉后,裸体纵笔疾书。唐寅跟他开玩笑说:"无衣无褐,何以卒岁?"允明立即答道:"岂曰无衣?与子同袍。"可见他即使是醉了,也没有忘记与唐寅的友情。他俩曾浪游扬州,极声伎之乐,把袋中的银子花个精光。他们听说盐使课税很重,因而宦囊几乎撑破,便化装成苏州玄妙观的道士,前去

明刊本卓人月作杂剧《花舫缘》插图（该剧写唐伯虎、文微明、祝
允明游湖，唐伯虎对花舫中一女婢一见钟情，苦苦追求，最后终成
眷属的故事，剧情类似话本《唐伯虎点秋香》。）

化缘，并自我介绍：别看我们是穷道士，认识的朋友都是名流。
连我们苏州大名鼎鼎的唐伯虎、祝枝山，都是我们的好友。您如
果瞧得起我们，请随意考考我俩。盐使把手一指说，就以盆景牛
眠石为题，共赋律诗一首。唐寅、允明当即一人一句，写成一诗
道："嵯峨怪石倚云间（唐寅），抛掷于今定几年（允明）。苔藓作
毛因雨长（唐寅），藤萝穿鼻任风牵（允明）。从来不食溪边草
（唐寅），自古难耕陇上田（允明）。怪杀牧童鞭不起（唐寅），笛
声斜挂夕阳烟（允明）。"盐使大为欣赏，传令苏州府长洲、吴县，

出银五百两，作为修葺玄妙观的费用。后来唐寅、祝允明赶回苏州，设法取出这笔银两，召集好友与妓女畅饮数日。盐使知道此事后，颇不悦，"心知两公，然惜其才名不问也"。此事颇有传奇色彩。

四人中，徐祯卿去世较早，但仍留下他与唐寅、祝允明等交好的篇章。他曾给唐寅写小传，盛赞他"雅资疏朗，任逸不羁"，并在传末系赞词一首。曰：

> 有鸟骄斯，高飞提提。饮择清流，栖羞卑枝。傲荡激扬，操比侠士。超腾踔诡，又类君子。长鸣远慕，顾命俦侣。猥叙苦辛，仍要素辞。与子同心，愿各不移。恒共努力，比翼天衢。风雨凌敝，采勿散飞。天地闭合，乃绝相知。

赞词的最后四句，充分显示了他对唐寅的深情。对于文徵明，他也写了小传。赞美他"性专执，不同于俗，不饬容仪，不近女妓，喜淡薄。俦类有小过，时见排抵；人有薄技，亦往往叹誉焉"，并颂诗曰："……磁石能引针，砥砺乃独坚。鸾凤不从群，何况于高贤。含和而不同，圣哲所称焉。飞蝇恶热羹，勖哉复何言。"他对文徵明，实在是敬重之不暇。

踏遍天涯路——徐霞客与田夫野老

中国历史上最杰出的旅行家徐霞客，踏遍山山水水，得到各地百姓的大力支持。

崇祯十年七月六日（1637 年 8 月 25 日），徐霞客探广西铁旗岩，天下着大雨，朦胧之中，找不到路，往返了好几回，仍然迷

徐霞客像(采自《徐霞客游记》,商务印书馆,1986 年)

路。所幸碰到一个钓鱼的小孩,热情地当他的向导,其实路就在
山下,不过是入口处被水淹了,又有草盖着,"故茫无可辨"。在
游云南保山时,也曾遇到类似情形。霞客想游落水洞,却不知道
还有落水寨,将二者混同,结果当然大走弯路。后经当地一位老
人指点,带领他从寨后东边翻过岭去,终于找到,从西崖俯瞰久
之,仍转南面走出来。这位好心的老人还邀请霞客住在他家过
夜,霞客看日头尚高,遂辞别老人。崇祯十二年三月十一日
(1639 年 4 月 13 日)霞客在云南大理考察蝴蝶泉后,从一位樵
夫口中得知,南峡中有古佛洞甚是奇异,但悬崖隔绝,没有熟悉
路的人指引,难以找到。一位老人却高兴地说:"您既然是万里
而来,不怕艰难险阻,我给您当向导,有什么困难呢!"霞客闻言
大喜,脱下长衫及所折蝴蝶枝,背在身上,跟随老人前往。一路

云南亚洲第一溶洞,徐霞客当年曾来考察(著者摄于 2004 年 1 月 6 日)

上,老人还不时给他介绍当地种种情形、景点沧桑。抵达古佛洞后,他饱览了洞中的奇异风光,老人才告辞而去。

徐霞客常常宿在贫苦百姓家中。如崇祯十年七月二十五日(1637 年 9 月 3 日),在广西大寨村,他投宿在一位姓李的老者家中。"(李)翁具酒烹蛋,山家风味,与市邸迥别。"这里的风景极好,"山回谷转,夹坞成塘,溪木连云,堤篁拥翠,鸡犬声音,碧映室庐,杳出人间,分墟隔陇,宛然避秦处也"。但山好人更好,李翁第二天还特地以鲜鲫鱼招待霞客,这是山中珍品,是从新涨的山溪水中捕到的。

霞客曾宿于广西南陇村一位九十高龄的老人家中,老人的老伴为他煮蛋献浆,热情招待。霞客不禁感叹道:"荒微绝域,有此人瑞,奇矣,奇矣!"更难得的是,一村人都是彝族,操土白,难以听懂,只有这位老人能讲汉语,真不失为是深山知音了。在湖南游三分石时,霞客还得到瑶族同胞的帮助。在夜间,他在深壑中,随着潺潺水声踽踽而行,看到有两间茅屋,便大声呼叫。一位姓邓的瑶族青年,闻声拿着火把出来迎接,宿于其家,烧树枝烘干霞客的衣服,煮粥招待,介绍山中风物。他家虽然穷苦,霞客却有客至如归之感。他感动地写下这行文字:"余感其深夜迎宿,始知瑶犹存古人之厚也。"

徐霞客在漫长的旅途中,曾多次被盗和断粮。在他几乎陷于绝境时,都有素不相识的人向他伸出援手。如在湘江遇盗时,行囊被洗劫一空,邻舟一位戴姓的客人,很同情他的遭遇,从身上脱下一条单裤、一件衬衫赠给他御寒。其后,又得到友人金祥甫等人的鼎力相助,使他能得以继续前行。

古代交通不便,除步行外,只有骑马、乘舟、坐轿。有人据徐霞客的游记资料统计,他共行 25 995 里(实际行程远大于此数)。其中步行 16 679 里,占 64%;坐船行 7 205 里,占 27%;骑马行 1 255 里,占 5%;坐轿行 956 里,占 4%。其中轿夫最为辛苦。如崇祯十年十一月二日(1637 年 12 月 17 日),由广西上埂村至那崰村,轿行 35 里,换轿夫 8 次。崇山峻岭之中,轿夫难觅,竟先后有四名妇女、两名儿童为他抬轿,劳动强度之大,可想而知。没有这些村民洒下的汗水,徐霞客是不可能完成他的考察伟业的。

"海内存异己"——大顺军、大西军与传教士

陕西是明末农民运动的发祥地,更是李自成(1606—1645)大顺军的立足点。天启五年(1625),金尼阁(法兰西人)神甫应陕西人王征、张缜芳之邀,来到三原。半年后,住到西安城内。

其后,经金尼阁、汤若望、郭纳爵（葡萄牙人）、梅名高（葡萄牙人）等传教士和中国信徒的努力,至崇祯十二年（1639）,西安府已"共有教友一千二百四十"人,影响不可低估。此时农民大起义的烈火,早已成了燎原之势。有无耶稣会信徒参加农民军,至今没有发现确切的材料予以断定。崇祯十六年（1643）十一月,李自成攻克西安,名虽称王,实已称帝。对于西安城内的耶稣会士,大顺军以礼相待,加以保护。破城后

汤若望墓（在今北京市委党校内）

"被获"的传教士郭纳爵、梅名高曾被农民军的负责官员讯问,得知他俩是远道来华传教的,即命释放,并严禁士兵骚扰教堂,可见大顺军对传教士的态度是友好的。

　　耶稣会在北京传布的规模,远胜西安。早在万历三十三年（1605）,利玛窦即在宣武门建立教堂,通称"南堂"。从崇祯十一年到十五年（1638—1642）,北京城内外受过耶稣会洗礼的人,即达2 979名。崇祯十七年（1644）三月,大顺军攻克北京,明朝灭亡。在大顺军进入北京之前,外国传教士决定逃离北京。但是,有位教士拒绝传教会长龙华民（意大利人）的劝告,继续留在教堂内。此人即汤若望。这样,汤若望就成了李自成进京后的历史见证人。后来,他在回忆录中留下了生动的记述。据汤若望记载,大顺军刚进城,有过局部的盲目屠杀行为,汤若望等人因此把教堂大门紧闭。但屠杀旋即被农民军领导人所制止,

教堂的门重新打开。一些农民军走进去,好奇地看着里面陌生的一切,没有发生任何不友好行为。只是经过教堂的允许,他们取走了一条绒毡。第二天,在教堂门口挂有牌示一方,上书"勿扰汤若望"的命令。此后,教堂一直受到农民军的保护。在李自成进京的三天后,汤若望曾应邀进宫去见了农民军的一位领袖,受到他的茶酒款待,并留晚餐。此人当为农民军的高级将领刘宗敏。此后,汤若望也邀请过几位农民军的头头,去教堂做客。正是由于大顺军对耶稣会传教士态度友好,保护教堂,汤若望才敢于把教堂作为一些妇女特别是耶稣会女教友的庇护所,还庇护过明朝的官员。如陈名夏(崇祯进士,官修撰,兼户、兵二科都给事中),就曾躲在天主堂,想上吊自杀,被汤若望极力劝阻。不久,陈名夏即投降李自成,在大顺政权担任户部都给事兼兵科都给事。在此期间,汤若望还日夜慰问教民,一个不落,尽了他作

汤若望居住的北京南堂旧影

为传教士的职责。

大顺军在山海关被满汉联军打败,撤出北京时,曾在城内纵火,焚烧宫殿、城楼、民舍,幸被百姓救灭,损失不大。汤若望的房屋,"半为贼火焚毁,仅存天主、圣母二堂,并小屋数椽",一些天文仪器也被毁,这是非常遗憾的。

农民军的放火,与当年项羽的放火焚烧阿房宫一脉相承,是完全错误的。尽管如此,大顺军在西安、北京,毕竟实行过保护耶稣会传教士的政策,这是富有历史意义的。

张献忠(1606—1646)领导的大西军,与传教士也发生过关系,当时,在四川传教的天主教教士,主要是利类思、安文思。利类思(Ludovicus Buglio),字再可(典出《论语·公冶长》:"季文子三思而后行。子闻之,曰:再,斯可矣!"),意大利人,1606 年生。崇祯十年(1637)来华,在江南传教,两年后,奉调进京参加修订历法。在京时,结识四川绵竹人阁臣刘宇亮。受他的邀请,于崇祯十三年(1640)入川传教。安文思(Cabriel de Magal-haens),字景明,葡萄牙人,生于 1609 年。崇祯十三年(1640)来华,先在杭州传教,后于崇祯十五年(1642)也入川协助利类思传教。张献忠部农民军在崇祯十七年(1644)九月五日攻占成都,十一月正式称帝,国号大西,建元大顺。

记载张献忠与利类思、安文思关系最详细的史料,是法国传教士古洛东(Gourdon,约 1840—约 1930)的《圣教入川记》。从总的情况看来,张献忠对利类思、安文思,确实是优礼有加。利、安二人初见张献忠,是由原明朝县令、后投降张献忠的吴继善引见的。献忠已经知道利玛窦曾为万历皇帝所礼遇,故听说二人与利玛窦一样,是泰西学士,便命令礼部官员前往迎接。见面后,献忠问西方各国政事,二位司铎应对如流,"献忠大悦,待以上宾之礼",并请二人就住在成都,"以便顾问"。此后,献忠还"命某大员携点心各色、绸缎数匹、白银百六十两、袍套各二件",送给他俩。献忠还赐予徽号"天学国师","文武官员,各皆道贺",极一时之盛。二人每月"由国库给银十两"。二人一再推辞,说每月得一两银足矣。献忠却真诚地说:"尔等不必固辞,吾已为王,不能招待二位西方大贤,区区之惠,何足挂齿。"献忠曾向二位司铎询问西学,更经常问数学方面的问题,并"随同左右辩论,颇有心得。其知识宏深,决断过人,二司铎亦暗暗称奇"。献忠还令二位司铎造天、地球两个,用红铜制成,另造日晷配合。完工后,献忠见之,"鼓掌称善,乐极快慰,惊奇不已",并令厚赏利类思、安文思,连赞助这项工作稍有成绩的官吏,也"皆蒙升官加级"。献忠有位老岳父,是位儒生,名字失考,他本人、其夫人、二子二女,全家老幼共三十二人,都加入了天主教。此老圣名伯多禄,其子圣名保禄。于此也不难看出利、安二人在大西军中的巨大影响。

但是,中西文化之间,本来就有很深的隔膜,要在旦夕之间消除,是难以想象的。何况张献忠是个文化水平低、恣情任性、精神也有些小恙的农民起义军的领袖,特别是在明军南犯、后更有清兵压境的形势下,张献忠的动辄暴怒、无端猜疑、滥开杀戒的性格,又不断发作起来。因此后来献忠又屡次找利、安二人的麻烦,甚至扬言要杀死他们,连他的岳父也被他处死。但是,即使在千钧一发之下,张献忠仍然头脑冷静下来,说:"吾饶尔等之命,因尔等是外国人。若尔等是此地人,定受千刀万剐之刑。"因此,利、安二人在与张献忠的交往过程中,虽后期不如前期,但仍然受到一定程度的优待。张献忠与传教士的交谊,是中外关系史上带有传奇色彩的一页。